信息化时代图书馆读者服务创新与发展探析

郭　萍　李明吉　王树国◎著

吉林文史出版社

图书在版编目（CIP）数据

信息化时代图书馆读者服务创新与发展探析 / 郭萍，
李明吉，王树国著. -- 长春：吉林文史出版社，2023.8
ISBN 978-7-5472-9605-9

Ⅰ. ①信… Ⅱ. ①郭… ②李… ③王… Ⅲ. ①图书馆
工作－读者服务－研究 Ⅳ. ①G252

中国国家版本馆CIP数据核字(2023)第151783号

XINXIHUA SHIDAI TUSHUGUAN DUZHE FUWU CHUANGXIN YU FAZHAN TANXI

书　　名 信息化时代图书馆读者服务创新与发展探析
著　　者 郭　萍　李明吉　王树国
责任编辑 张　蕊
出版发行 吉林文史出版社有限责任公司
地　　址 长春市福祉大路 5788号
印　　刷 北京四海锦诚印刷技术有限公司
开　　本 787mm×1092mm 1/16
印　　张 11.75
字　　数 278 千字
版次印次 2023年8月第1版　　2023年8月第1次印刷
定　　价 52.00 元
书　　号 ISBN 978-7-5472-9605-9

前　言

在信息化的时代背景下，图书馆要结合信息化背景，做好读者服务工作，提升全民阅读积极性，为广大读者构建一个更加理性的学习和阅读环境，让读者在更加方便快捷的网络化阅读指导体系中，感受到阅读的乐趣。

本书以"信息化时代图书馆读者服务创新与发展探析"为选题，探讨相关内容。全书共分为六章：第一章是图书馆服务与管理，阐述图书馆的基础认知，图书馆的服务内容与思维，图书馆的管理意义、内容与方法，图书馆的高质量发展；第二章分析图书馆读者服务管理，内容包括读者的结构解读、读者的需求演变及其满意度提升、读者导读与读者教育、读者服务工作的发展趋势；第三章诠释图书馆信息化服务与建设，内容涵盖图书馆信息化概述、图书馆信息化的服务、图书馆信息化建设的意义及内容、图书馆信息化建设的优化措施；第四章论述信息化时代高校读者服务创新，内容涉及高校读者服务内容、高校读者服务体系、高校读者服务的信息化创新、高校图书馆咨询知识库建设；第五章研究数字图书馆读者服务创新与发展，内容包括数字图书馆发展、数字图书馆的信息技术、数字图书馆的读者服务、数字图书馆读者服务工作策略；第六章探索智慧图书馆读者服务创新与发展，内容涉及智慧图书馆的发展、基于新型技术的智慧图书馆读者服务创新、智慧图书馆的读者服务转型与创新。

本书紧跟时代发展，满足用户不断更新的需求，利用科学技术，进一步推动图书馆读者服务的可持续发展。本书可供广大图书馆读者服务从业人员、高校师生与知识爱好者阅读使用，有一定的参考价值。

笔者在撰写本书的过程中，得到了许多专家、学者的帮助和指导，在此表示诚挚的谢意。由于笔者水平有限，加之时间仓促，书中所涉及的内容难免有疏漏之处，希望各位读者多提宝贵意见，以便笔者进一步修改，使之更加完善。

郭　萍　李明吉　王树国

2022 年 5 月

目 录

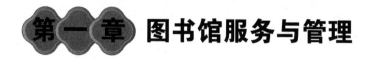

第一章 图书馆服务与管理

第一节 图书馆的基础认知

图书馆是以文献信息为活动对象，将之收集、整理、加工后提供给有需求的人的社会机构。

一、图书馆的发展

（一）图书馆的产生原因

图书馆是随着人类文明进程的推进而产生和发展起来的，作为人类文明程度的标志，图书馆产生的主要原因是文字的出现和文献资源的增加。

1. 文字的出现

文字是语言的书写符号系统，是记录语言的书写形式，其发展的最主要目的是保存人类信息。在文字产生之前，人类信息的交流形式主要依靠语言和行为，包括动作、表情等，是一种信息直接交流的形式。但由于这种交流形式受时间和空间限制，不利于间接交流的发展，于是人类开始寻求一种全新的交流方式，文字便这样开始出现在人类文明进化过程中。

文字是一种记录在一定载体上的信息，克服了语言的缺陷，使人类历史脱离了口传身授的阶段，得以用文字记录历史。人类的思想、文化由于文字的出现而不会失传中断。同时，人类透过文字这种高效的信息传播工具，大大提高了文化、思想、艺术、技术等人类文明的传播速度和效率。

2. 文献资源的增加

随着文字表达信息的复杂化，越来越多的事物被记载下来，形成文献资料。为了更好地整理、保存、利用这些资料，人类需要一个专门的场所进行这些活动，最初的图书馆应运而生。所以，文献信息的收藏与文字的起源几乎同时产生，图书馆的产生即始于有历史记载的时间。

（二）图书馆的发展条件

1. 经济条件

（1）经济条件是图书馆存在和发展的物质基础。早期的图书馆出现在经济条件相对优越的地区，如最早的图书馆就是建在当时经济最发达的区域之一。即使是在现代社会，图书馆的存在和发展与经济状况也息息相关。

（2）经济条件的改善满足了人们对物质生活的需求，在此基础上，人们寻求更高的精神满足。图书馆的发展可以帮助人们满足精神需求，因此，人们投入更多的金钱和精力，收集和整理文献信息以便使用，使得图书馆得到快速发展。

（3）一个良好的、发达的经济体系要依赖于复杂的记录存储系统对其经济轨迹进行记录，而图书馆是一个经济媒介，它既是商业记录的储存所，也是进一步发展未来技术和商务的研究设施。

2. 社会条件

（1）社会生活的丰富使人类记录的文字信息大幅度增加，需要越来越多专业的、复杂的情报系统收集、整理、保存和利用这些文献，这自然促进了图书馆或档案馆的发展。随着社会生活持续发展，各种公共性、专业性、学术性的图书馆得到普遍发展，图书馆成为人类文化生活的活动中心。

（2）人类社会开始重视自身文化教育培养，各种专业教育和培训机构大批涌现，于是需要能够支持这种教育系统的信息储备场所。从早期的文化知识只掌握在少数人手里，到现在的知识普及，人类经历了漫长的历史时期，各种初级教育、高等教育事业蓬勃发展，相应地，图书馆也快速发展。从19世纪下半叶开始，世界范围内的图书馆进入一个全新的发展阶段。图书馆由封闭式的管理方式向开放式的管理方式转变，越来越多的人走进图书馆，使图书馆文献资源得到更充分的利用。

（3）科学技术的发展，也是图书馆快速发展的条件。科学技术的发展与图书馆的发展密切相关，二者相互促进、相互依托。每一次的科学技术发展都会促进图书馆的发展。如造纸技术的出现，使原来刻于龟甲、兽皮、竹简上的文字得以在更便宜、更易携带和能够书写的材质上记录；印刷技术的出现使文献信息的传播速度加快，图书馆的储备规模大幅度增加；现代计算机的出现更使图书馆经历了有史以来最大的变革，为图书馆的发展提供了全新的发展模式。图书馆的发展为人类提供了更多的信息储备用于发展科学技术，专业性、学术性图书馆的大量发展和存在就是明证。

二、图书馆的属性

属性指事物本身所固有的性质。对于物质来讲，属性是物质必然的、基本的、不可分离的特性；对于事物来说，属性是事物某个方面质的表现。一定质的事物常表现出多种属性，有本质属性和非本质属性的区别。其中，本质属性指为一种事物所独有，借以同其他事物区分开的属性。因此，一种事物的本质属性只有一个，不可能有两个或更多。当然，一个事物具有多种性质，除了其本质属性以外的所有其他属性会与其他事物性质有所重复，也就是非本质属性。

（一）图书馆的本质属性

关于图书馆的本质属性观点很多，较早的观点认为图书馆的基本属性是信息性和服务性。后来，图书馆的中介性又成为主流。近年来，又有学者提出"借阅性"和"追求知识价值的社会化"的观点。这些论述从不同角度分析了图书馆的本质属性，力求贴近真正的图书馆本质属性。但从图书馆的概念来看，图书馆的工作涉及两个方面的内容：一方面是以文献信息资源的收集、整理、保存、收藏、利用工作为主；另一方面是向读者提供其所需要的文献信息资源，侧重于满足其信息需求。这两项工作内容向人们揭示了图书馆的本质属性，即信息服务的中介性。

第一，图书馆从事的是与文献信息有关的工作。文献信息的出现是图书馆产生的直接原因和根本原因。在图书馆几千年的演变过程中，文献信息形式虽然有了巨大改变，如载体形式由兽皮、龟甲、泥板到丝帛、纸张，再到光盘、硬盘，但文献信息一直是图书馆主要的、不变的工作对象。

第二，图书馆是服务性组织机构。服务性作为图书馆的一般属性，上文已经论述过，这里不再谈及。

第三，图书馆具有中介的特性。图书馆的中介性指图书馆在文献信息资源和读者之间起到居间联系的作用，是读者和信息交流的桥梁。图书馆的文献信息状况影响读者的使用，读者的文献信息需求决定图书馆的生存，并指引图书馆的文献信息收藏走向。正是这种相互之间的促进关系，使图书馆不断向前发展。

总之，现有关于图书馆本质属性的论述都存在一定的道理，但综合对其进行评价，而不是单纯地予以全盘否定，更能接近图书馆的本质属性。

（二）图书馆的非本质属性

图书馆的非本质属性是图书馆作为一个组织机构所表现出来的一般属性，主要表现在以下四个方面：

第一，服务性。图书馆是一个以服务为其特性的公益性组织，一直是一个服务组织，通过满足读者的各种需要，提供各种有偿的和无偿的服务行为，实现图书馆的存在价值。

第二，专业技术性。从古至今，图书馆都一直在进行着文献资源的搜集、整理、保存、收藏、利用、研究等工作。为了更有效的利用文献信息，现在的图书馆已经针对性形成了多门专业性学科，如图书馆学、图书情报学等。这种专业性学科的发展，增强了图书馆的专业技术性，使读者在利用、使用图书馆及其文献信息资源方面更加容易和便利。

第三，经济上的依附性。文献信息资源的收集、整理、保存、收藏、利用是一项耗费颇多的事情，因此图书馆的正常运转需要大量金钱。迄今为止，图书馆不能完全成为经济上一个自给自足的组织。经济上的依附性限制了图书馆的发展，这种状况直到图书馆成为为普通公众服务的公益性组织才有所改变。现在，大多数图书馆的资金源于政府资助和社会捐款，但资金短缺仍然是图书馆发展的瓶颈。

第四，功能上的基础性。图书馆的基础性指图书馆的存在并不是为了创造多少经济效益，这一点与各种基础性学科的性质相似。如果没有图书馆作为文献信息的储备场所，人类在历史发展中可能早已失去知识的延续性、完整性和系统性。正是图书馆具有这种基础性功能，图书馆才能长期保持活力，继续生存和发展。

三、图书馆的价值与职能

（一）图书馆的价值

第一，图书馆价值是图书馆与社会、个人之间相互改造、相互影响、相互满足的主体间性和谐关系，而且这种关系主要表现为"对图书馆的价值"和"图书馆的价值"两者的相互转化上。社会和个人通过参与图书馆创新活动的方式促进"对图书馆的价值"向"图书馆的价值"的转化和增生，而图书馆则通过提供优质、高效服务来满足个人与社会对图书馆的需要，从而以"图书馆的价值"换取个人和社会"对图书馆的价值"。

第二，图书馆主要有三种价值类型：①物质价值；②精神价值；③物质精神综合价值。进一步细分，物质价值包含物质消费价值和物质生产价值，精神价值包含精神享受价值和精神生产价值，而物质价值与精神价值的综合则标志着图书馆价值在更高层次上的综合。

第三，图书馆的价值是由图书馆的利用者和图书馆的馆藏之间的相互吸引而产生的，图书馆社会职能的本质是图书馆核心价值的体现，是图书馆自身具备而其他社会机构无法具备的价值。

第四，有关图书馆的价值存在两个维度：图书馆的自我价值和社会价值。价值存在于主客体关系之中，是主客体之间相互作用的结果和表现。价值是一个关系范畴，是一种主体性占主导地位的主客体之间的统一，在这种关系中，客体必须符合主体需求，是为主体服务的结果。当图书馆处于价值客体地位时，图书馆做出社会贡献的过程，呈现出来的是"图书馆的社会价值"；当图书馆处于价值主体地位时，其满足自身发展需求的过程，呈现出的是图书馆的自我价值。由此可以看出，图书馆的价值包含两个维度，即图书馆的社会价值和图书馆的自我价值，社会价值是图书馆存在、发展的最终目标，而自我价值是图书馆服务能力的形成过程，二者和谐共存、相互促进，由此推动了图书馆的可持续发展。服务读者是图书馆的核心，以读者为本体现了图书馆价值目标的凝聚，代表着图书馆文化对图书馆终极价值的选择。

第五，图书馆的价值概述为三种含义：①目的价值；②意义价值；③应然价值。图书馆的价值主要是指图书馆在发挥社会作用过程中的保护与促进价值，包括五大目的价值：①为社会提供公共服务；②保证公众知识与信息的平等获取；③知识自由严肃；④社会教育；⑤信息保存。

第六，图书馆的价值包括社会价值和经济价值两部分内容。图书馆的最根本宗旨是传递科学文化知识，一方面，使公民享有平等获取信息的权利，进而将社会知识转化为社会效益，实现图书馆的社会价值；另一方面，图书馆通过服务社会，既提高了社会生产力，又产生了一定的经济效益，由此实现了图书馆的经济价值。图书馆的社会价值可以从使用价值与存在价值两个方面理解。使用价值分为直接使用价值和间接使用价值两种形式；存在价值分为图书馆当下产生的价值与未来能够产生的价值，前者是图书馆自身存在的价值，后者是图书馆用户利用图书馆获取的资源价值。

（二）图书馆的职能

1. 传承发展人类文化

文字的出现对于人类而言具有跨时代的意义，而书籍作为记录文化的重要形式成为传承文明的重要载体。书籍可以详细地记录历史，也可以将那部分最真实的历史展示给世人，这种对于文化的延续是书籍最重要的功能之一。图书馆作为保存珍贵文献的重要区域，它们在文化留存方面发挥的作用是巨大的。当下，信息化飞速发展，科学技术也以前所未有的速度迈进。珍贵的文献我们需要将其留存下来，然后通过现代化的技术手段来对其进行处理。

中华文明的发展历程绵延数千年，其内涵深厚。透过各种形式的中华文化，我们能够感受到它对于精神层面的高度追求。中华文化以其独特的内涵气质、悠远的内在品质、多样的外在形式奠定了中华民族最宝贵的品格，它悠远而又有气度，充满神韵，形成了中华民族最鲜明的品质特色，滋养了宝贵的华夏精神，为无数中华儿女的成长奠定了沃土。它是中华民族传承不息、血脉传承的根源，有助于推进全人类文明的共同发展。

优秀传统文化是文化铸造的"根基"，是华夏儿女宝贵的精神财富，是我们长期以来形成的最具中华品格的宝贵文化，是中华儿女以豪迈的姿态屹立于大国之上的豪情，形成了长期以来中华民族宝贵的精神品质、内在涵养、崇高品德、正确观念以及思维方法，铸造了华夏儿女顽强不屈、英勇无畏、果敢大义的精神积淀，成为民族代代相传、久经磨难而更加优秀的时代见证。弘扬传统文化，一方面能够让传统文化重新散发出其内在的生命力，也能涵养民族品格，形成整个民族的文化自信。这种自信是我们对于自己文化的一种高度认可。但随着互联网、大数据、智慧化的深入、多元文化的交融，特别是在大数据时代背景下，不同文明、不同文化、不同思潮、不同观点在不同领域的渗透更加深刻，中华优秀传统文化的传承和发展受着极大考验，面临巨大挑战。图书馆作为收集、保存、传承、发展优秀传统文化的重要场所，有责任有义务传承好、发展好中华民族传统文化，留住中华文化的根，守住民族文化之魂，推动中华优秀传统文化走向世界舞台，服务各国人民。

2. 保存和传承地方文化

地方文化是一定区域内历史悠久、特色鲜明、民众崇尚、至今发挥作用甚至有较大影响力的文化。它不仅是中华优秀传统文化的组成部分，而且是中华民族的宝贵财富，更是各地社会经济文化发展的标志和品牌。

地方文献是地方文化的载体，是综合反映一个地区政治、经济、文化、历史、地理、风土人情、名胜古迹等重要内容的区域性文献。主要包括地方史料①、地方人士著述②和地方出版物③三部分。

地方文化是地方文献产生的源头，是地方文献产生的前提和基础；地方文献是记载地方文化的重要载体，是地方文化的重要组成部分。

图书馆作为收集、整理、保存文献信息并提供相关服务的法定单位，要充分发挥自己的职能优势和业务优势，切实做好地方文化的传承与发展。

3. 开发信息资源

网络背景下，信息资源的类型更加丰富，信息喷涌现象频频出现，整个信息世界呈现出无序的基本特征，人们要想从中捕捉有用的信息存在极大的困难。图书馆在对入馆的各种资源进行整理时，必须对其进行一定的开发与加工，打造来源明晰、整理有序的信息集合体，这样读者在阅读的时候才会有更大的便利。从资源开发的角度而言，图书馆的开发包括如下三个方面：①文献目录的制定、加工以及后期归类，方便对整体进行处理；②全方位检索馆外优质资源，建成专门的收纳库；③电子化、信息化处理，使馆藏文献的仓储更加便捷。

4. 开展社会教育

（1）思想教育的职能。在进行馆藏的过程中，不同的国家会做出差异化指导，它们所遵循的原则也存在极大的差异。《中华人民共和国公共图书馆法》明确要求，公共图书馆应当坚持社会主义先进文化前进方向，坚持以人民为中心，坚持以社会主义核心价值观为引领，传承发展中华优秀传统文化，继承革命文化，发展社会主义先进文化。这一项规定的目的就在于引导读者形成对于世界的科学认知，确保自身的阅读需求和国家的社会主义先进文化前进方向基本一致。对于广大的图书管理人员而言，应该牢记服务人民的标杆，

---

① 地方史料包括当地党政机关、社会团体、学校、企事业单位编撰的反映本地历史、政治、经济、文化等方面的图书、图片、图册、报纸、期刊、音像制品，当地的史志史料包括地方志、部门志、企业志、人物志、风情志、风俗志、影像志、党史、校史、厂史、村史、事业史、大事记等，民间留传的谱录包括家谱、族谱、宗谱等，各种历史文献、古籍图书，当地民间留传的各类民俗景观图片、历史场景图片、金石拓片、书法、绘画作品、歌本、账本、地契，反映当地非物质文化遗产的文字、音像资料，等等。

② 地方人士著述包括当地名人志士的资料（家史、传记、书稿、专著、书信等），当地籍或曾在当地任职、居住、工作的各个时代具有一定影响力的人士著述、日记、信函、传记、字画、回忆录、著作手稿、声像资料，等等。

③ 地方出版物包括当地各级各部门编印的统计资料、会议文集、文件汇编、年鉴、地图、名录等内部资料和内部出版物及其他有价值的文献资料。

树立崇高的理念。

（2）文化教育职能。文化教育也是图书馆最基本的职能之一，良好的环境是保证学习与阅读效果的根基。阅读区是专门用来阅读的，娱乐区的设施就可以适当丰富一些。在这里，读者可以享受到馆内所提供的各种优质资源和服务功能。图书馆不是服务某一个个人的，它更多是为了满足不同群体的诉求，确保他们所享受到的资源都是高质量的、公平的，进而引导他们主动养成终身学习的好习惯。

（3）丰富文化生活的职能。在人们的生活中，文化娱乐是不可或缺的重要模块。图书馆不仅能够让读者从中汲取知识的养分，同时，还能让读者享受一定的文化娱乐服务。比如，人们可以在这里阅读来自世界各地的报刊，也可以观看各种电影，这些都是丰富文化生活的重要途径。

5．智力资源的开发

智力资源指人类在长期发展过程中创造出并积累下来的物质成果、精神财富及尚未认识到或发现的一些潜在的资源和信息。对于图书馆来说，智力资源指本馆已有的各种馆藏文献及信息，还包括互联网上的各种文献以及信息。传统智力资源开发需要图书馆根据读者需要，对馆内的各种文献及信息进行二次或多次加工。近些年，随着信息技术的快速发展，图书馆对智力资源的开发力度有了明显提升。

（1）开发智力资源的内容逐渐增多，范围不断扩大。在计算机及网络技术辅助下，图书馆的文献及信息资源被深度开发，在原有资源基础上，总体内容不断增加，不再仅通过人工进行开发，也不再局限于现有的馆藏资源。文献及信息资源的大量增加，让读者能够明显感觉到可利用资源的丰富和充足，极大地满足了读者需求。

（2）用于智力资源开发的方法和手段更加多样化，也更具现代化的特点。读者可以从图书馆所建立起的庞大信息库和数据库中，便捷地查询到自己所需的资料和信息。

（3）服务对象被进一步扩展。传统图书馆因为有地理位置方面的限制，只能为附近的读者提供服务，身居远方或异地的读者如果需要查询信息，必须亲赴实地上门办理。但是，随着互联网的普及，计算机技术有了日新月异的发展，异地读者也可以通过网络获得便捷的图书馆服务。

第二节　图书馆的服务内容与思维

一、图书馆的服务内容

（一）图书馆服务内容的形态演变

图书馆作为文化浇铸的社会记忆装置，其服务内容与方式的发展演化与信息技术、社会文化、用户的行为模式变化等都密切相关。纵观历史，图书馆的服务与方式大体经历了以下六种形态，并在整体上呈现阶梯函数增长，其中每一个较高层次都源于较低层次，但呈现出优于较低层次的新的特征。

1. 文献实体服务

社会的发展，决定了图书馆的服务内容与方式。如我国漫长的封建社会在整体上都表现出对社会的封闭性，由此便决定了古代图书馆以文献实体服务为特色的服务内容与方式。

2. 书目信息服务

书目的根本特点是在于它组织的仅仅是关于文献信息。人们对文献实体分离出来关于文献的信息，并为克服文献与需求者的矛盾以达到统一记录和组织这些文献信息的活动，是一切书目活动历史的和逻辑的出发点。而提供书目信息服务则是书目活动的目的和归宿。

在我国，由于纸质载体和印刷技术的发明，古代文献卷帙浩繁，书目信息工作由来已久。与此同时，除了传统的文献实体服务之外，各种书目信息工作、服务和管理在图书馆中开始活跃起来，尤其是分类目录、卡片目录、各种二次文献信息产品的开发，新到书刊目录报道、推荐书目服务以及相关的书目控制、书目情报系统建设等逐步成为图书馆活动和服务的中心工作。

3. 参考咨询服务

参考咨询是指图书馆馆员对用户利用文献和寻求知识、信息方面提供帮助的活动，它是以协助检索、解答咨询和专题文献报道等方式向读者提供事实、数据和文献检索。参考咨询更加强调图书馆的情报职能，更为注重用户的信息需求，它将书目信息服务提升为不仅为用户提供书目工具，而且还要解决实际问题。

随着文献信息的激增和用户需求的增长，早期的指导利用图书馆、利用书目解答问题等服务内容逐渐发展到从多种文献信息源中查找、分析、评价和重新组织情报资料，到20世纪40年代，又进一步开展了包括回答事实性咨询、编制书目、文摘，进行专题文献检索，提供文献代译和综述等服务项目。

4. 信息检索服务

20世纪中后期，计算机问世并被应用于文献加工领域，新学术思想活跃以及新的学科不断诞生。与此同时，一些图书馆开始利用计算机和现代通信技术建成各种文献数据库、数值数据库和事实数据库，并逐步实现了联机检索，使参考咨询服务中的部分工作自动化；另一方面，参考咨询工作的流程，即接受咨询、进行查询、提供答案、建立咨询档案等，也为信息检索服务的方法和策略提供一种框架。这些都使得信息检索服务方式呼之欲出。

随着检索的智能化、数据挖掘、知识发现的发展，以及各类信息咨询和信息调查机构的兴起，全文本、多媒体、多原理和自动化等新型检索方式将会取得长足的进步，信息检索服务将演变成图书馆网络化知识服务的基础和手段。

5. 网络化知识服务

网络化知识服务是与信息资源的网络化和知识经济、技术创新的社会背景息息相关的，也是信息检索服务发展的必然结果。从20世纪90年代之后，随着网络技术的发展和普及，图书馆的数字化、信息资源的网络化、信息系统的虚拟化，以及各种非公益性的信息机构将包括文献信息检索、传递在内的信息服务直接提供给最终用户，导致信息交流体系和信息服务市场的重组，图书馆对信息服务的垄断地位也不复存在。这些都促使图书馆必须迅速调整和充实服务的内容和策略，重新定位其核心竞争能力，使现有的以信息检索为核心的服务方式向网络化知识服务方式转变，以保证其在数字化、网络化环境中的社会贡献、用户来源和市场地位。

网络化知识服务是图书馆信息服务的高级阶段，是一种基于网络平台和各类信息资源（馆藏物理资源和网络虚拟资源）、以用户需求目标驱动的、面向知识内容的、融入用户决策过程中并帮助用户找到或形成问题解决方案的增值服务。网络化的知识服务具有个性化、专业化、决策性、整合性和全球化等特征，基本上属于单向或多向主动型服务。

6. 泛在知识环境下的泛在化服务

近年来，泛在图书馆理论和泛在图书馆应用的思想在国内外图书馆界极其活跃，已成为专家、学者关注和研究的热点。泛在图书馆给出了数字图书馆新的内涵和定义，泛在知识环境带来了数字图书馆服务环境和用户需求的变革，也改变了数字图书馆的研究方向。

"泛在"从字面上讲就是广泛的存在，就是要构建多语种、多媒体、多格式、多形态、移动的、语义的数字图书馆知识网来检索人类知识，使信息服务将更加实质性地转向知识服务。

（二）图书馆服务内容的划分

图书馆服务和一般服务行业有许多相同之处，比如，其服务口号都是服务至上，一切为了顾客（读者），都要与不同类型的人面对面地交流。图书馆服务又的确有着自己独特的服务内容。参考一般服务行业的观点，从图书馆服务角度将图书馆服务内容划分为三个层面：职能服务、心理服务和管理服务。

1. 职能服务

职能服务是某一服务行业或部门所具有的特有服务，是区别于其他行业部门的独特功能。图书馆的"职能服务"就是让读者获得所需要的文献信息，并能够在安静舒适的环境里阅读、学习和研究。图书馆功能服务，按其服务中所依托的重点不同可分为依托文献资源开展的服务、依托人才资源开展的服务和依托建筑设备开展的服务。

2. 心理服务

任何一个服务行业都存在一个心理服务的问题。心理服务在图书馆服务中，有着不容忽视的作用，它体现了图书馆的精神面貌和员工的思想素质，是来馆读者满意而归的基本保证。我们知道，来馆读者查询到所需图书，并不一定满意，很可能对我们的态度还有意见。反之，读者如果没查阅到所需图书，只要我们的心理服务到位，对读者做了耐心细致的解释，并向读者表示歉意，读者同样可以表示理解，满意而归。

3. 管理服务

管理服务有着两个方面的含义：一方面，图书馆有着庞大的读者队伍，读者的文化水平、思想素养各不相同，图书馆要制定相关措施来规范读者的行为，以确保图书馆的馆藏资源、设施设备的安全、有效使用。另一方面，图书馆馆员工队伍知识水平、职业素养等也参差不齐，为了保证图书馆各项工作科学、有序地开展，图书馆各项服务的到位落实、保质保量，图书馆需要制定一系列的管理制度并以此约束员工行为。两种管理都是从维护广大读者的利益出发的服务行为，因而可以称其为管理服务。

二、图书馆的服务思维

服务思维是指服务组织用语言文字在单位内外公开传播的、一贯的、独特的和顾客导向的服务主张和服务理想。服务思维是人类众多思维的一种，是指人们从事服务活动的主导思想，它反映了人们对服务活动的理性认识，是各种服务活动的核心，是服务组织在创造价值的过程中，对客户或服务对象的服务原则、服务态度、服务方式的集中体现，是服务组织规范服务人员心态和行为的准则。服务思维具有公开性、传播性、一贯性、独特性、顾客导向性五项基本特征和前瞻性、继承性、挑战性、竞争性和深刻性五项一般特征。服务思维的核心可以归结为顾客导向的观念，即一切服务主张和服务理想都可以和应当归结为最大限度地满足顾客的期望和要求。

（一）服务思维的基本认识

1. 服务思维的构成

服务思维主要包括宗旨、精神、使命、原则、目标、方针、政策等。

（1）宗旨。宗旨是服务组织建立的根本目的和意图。

（2）精神。精神是服务组织较深刻的思想或较高的理想追求或基本的指导思想。

（3）使命。使命是服务组织在社会经济发展中担当的任务和责任。

（4）原则。原则是服务组织在其行为中恪守的准则或坚持的道理。

（5）目标。目标是服务组织运行和发展预期达到的境地或标准。

（6）方针。方针是服务组织在经营管理上总的发展方向或指导思想。

（7）政策。政策是服务组织在处理内外关系或配置资源时所提出的有重点、有倾向性的观点及实施方案。

在服务思维中，"宗旨"和"精神"的思想层次较高，但比较抽象，缺少操作性；"目标""方针""政策"较具体，比较容易操作，但思想层次相对较低；而"使命""原则"的思想层次操作性介于上述两组思维之间。

2. 服务思维的形态

服务思维在实践活动中存在外显化与内隐化两种形态。

（1）外显化。外显化的服务思维是指与实践相脱离的服务思维，是口号式的只说不做的服务思维。实际上它并没有真正深入服务组织人员的内心深处，还仅仅处于一种很肤浅的表面的层次，并不能很好地支配他们的行动。

（2）内隐化。内隐化的服务思维是指能够和实践相统一的服务思维，已经成为一种组织文化，此时"服务"二字深深地扎根于服务组织所有人员的内心深处，虽然不一定能够清晰地意识到，但却时刻支配着他们的行动和行为，使其能够和"服务"保持高度的一致，使其能够忠于职守，踏踏实实地为社会和顾客服务。

3. 服务思维的作用

服务思维在服务活动中发挥着以下作用：

（1）有利于服务的有形化。服务组织的服务思维作为一种思想，一般都以语言文字的形式向顾客公布和传达，而语言文字是"有形"的信息，因此，"有形"的服务思维有利于无形服务的有形化，而且思维本身正是服务有形线索所要提示的主要内容。但如前所述，服务思维的"有形化"本身是不够的，还必须内化于人的思想深处，成为一种自觉意识。

（2）有利于体现和建立服务特色。策划、设计出比较优秀的服务思维往往是独特的，有个性，有特色。

（3）有利于发挥服务组织人员的工作积极性和创造性。服务思维的一部分是针对服务组织内员工，用于激励他们，这就能起到某种程度政治思想工作的作用。同时，服务思维还能统一全体员工的思想和心态，而服务行为正是来源于员工的思想和心态，因此，思想和心态的统一有利于整个服务组织服务行为的统一。

（4）有利于监督服务组织员工的服务行为。既然服务思维的一部分是针对服务组织员工的，并且是向顾客公布和传达的，因此服务思维一方面能对员工的服务行为起到某种警示作用，另一方面还能引导顾客对员工服务行为的监督。

（二）图书馆服务思维的内容

1. 树立服务思维

（1）"以人为本"的服务思维。从哲学的角度看，"以人为本"是正确认识和处理人与其他生产要素的辩证关系，重视人的创造力及其主导能动和决定作用，将人作为"活力源"，从而形成的关于人的科学思维。

从知识的角度说，"以人为本"符合辩证唯物主义的认识论。作为图书馆来讲，人、财、物、文献管理信息开发服务纵然千头万绪，但一切是受人统率和支配的，是通过人的工作和劳动去实现的。

（2）"用户至上，服务第一"的服务思维。在图书馆服务中，坚持"以人为本"的服务，指的是在服务工作中，不管何时何地，都要"用户至上，服务第一"，要把"为一切用户服务""一切为了用户""满足用户的一切合理需求"作为图书馆服务工作的出发点和归宿。图书馆的社会价值是从满足用户需求中体现出来的。一个图书馆办得好不好，其办馆效益、社会价值如何，主要以用户对图书馆的认识去衡量，要看他们对利用图书馆的希望程度，对服务项目和服务标准的信誉程度，对服务人员素质和服务水平的满意程度，对服务效果的认可程度。

（3）服务思维的体现。图书馆工作以用户为主导，并在三个方面给予充分体现：①用户对文献信息，即馆藏文献信息是否符合用户需要，馆藏的信息、知识量度、内容价值必须由用户做出判断；②用户对图书馆馆员，即馆员的服务态度、服务能力、服务效果必须由用户来鉴定；③用户对图书馆工作，即图书馆的各项业务建设、制度规章、服务项目及设施是否反映用户利益与要求，必须由用户加以评价。为充分体现这一指导思想，图书馆采取成立读者工作委员会实施对图书馆工作的具体指导；定期向读者汇报工作，出版图书馆工作年报，如实反映取得的成绩和存在的问题，接受全社会监督；推行义工制，邀请读者积极分子义务协助图书馆工作等。

体现"用户至上，服务第一"的思维，还应该体现在尊重读者的阅读自由。任何作者都可能是图书馆的读者，有效、合法地利用和保护他们的著作权，正是图书馆生存、发展的重要条件；用户利用图书馆的合法权益必须得到尊重，要提高服务的文明水平，绝不出现对读者的不恭用语。图书馆服务工作只有在实际上而不是在口头上确立读者是图书馆的主人地位，才能"一切为了读者"，真正做到全心全意为用户服务。

2. 重视服务成果的思维

服务作为智力劳动必然要产生成果。重视服务成果的观念对于强化服务的目的性非常重要。这具有两层意思：

（1）不仅把服务作为一个图书馆工作过程，更重要的是把它当作一个目的。既然是目的就得要看重服务成果，这种成果包括服务活动中的工作成果和开发文献信息产品的成果。为此，服务工作自始至终都要具有需求观念，要经常性开展调查研究，并建立长期的反馈系统，不断改善服务，提高工作质量，争取获得最大的效益。图书馆服务工作人员也务必改变"守门人"终日流于上班下班，不求效益、不思进取的状态。

（2）重视服务成果而不异化服务成果。对图书馆服务成果要正确分析、对待，它是一个潜移默化的过程，有一定量的局限，不可能立竿见影，一般都由量变到质变。异化用户的劳动成果就是将用户自身的努力、创造所取得的成就都归结于图书馆的服务，往往对此广为宣传，并向用户颁发"读书成果奖""读书贡献奖"等。目前，有一些图书馆为显示自己的服务成果，一些用户为获取殊荣及在图书馆得到相应的服务优惠条件，彼此需要的"双向动力"似乎使此项活动异常热乎。对服务成果的异化，也是对用户劳动成果的异化，应属"打假"之列，切切不可作为提高图书馆社会价值的举措。重视服务成果必须树立科学、务实精神，以长期不懈的努力，从优质而具体的工作成果和特色而有效的信息产品成果所产生的社会效益和经济效益中显示出来。

3. 竞争的思维

在谈到服务产品的微观特征时，我们曾提出它具有相互替代性。图书馆服务也具有一定的替代性，它与社会其他服务活动关系密切，彼此间相互补充，从而形成了一种竞争。

作为精神文化服务而言，广播、电视、文娱、体育、信息网络正在日益发展提高，任何人都无法摆脱社会文化的影响和制约，并同时参与文化的活动与创造。网络仿佛是一个庞大的图书馆，随时向人们提供无所不包的信息，任何人只要家里拥有一台电脑，连通网络，就可以跨时空跨地域地漫游信息世界。网络的发展势必削弱人们对图书馆的依赖程度。同时，面对开放式的环境，用户与网络之间是一种人机对话交流形式，没有传统图书馆服务形式中一些人为负面因素的影响，既能较好地满足用户迅速获得文献信息的需求，还节约了人们往返图书馆的时间、交通费用等这些边际成本。在这种情况下，人们将有是上网还是去图书馆进行选择的权利，若能够在家里"坐享其成"，还有谁愿意花时间和精力前往图书馆。近年据传媒的报道，各地图书馆的借阅活动不同程度上都出现了波动。

大众传媒及信息网络发展的动力是科学技术与社会需求，但它们对图书馆既构成一种冲击，同时也提供了一个动力和机遇。纵观精神文化的求乐、求美、求知的总体功能，图书馆作为社会求知的知识载体将永远在精神文化中处于龙头地位，并且日益具有求乐、求美功能。

阅读渗透于生活的每个角落，为其他文化服务不可替代。另外，网络对图书馆更多的是一种互补的关系。这是因为一方面网络上对用户有用的信息资源并不是太多，有些资源还是以商业性质出现，图书馆的资源优势仍然存在；另一方面，网络的利用毕竟需要有计算机、上网等技术条件做前提。此外，网上阅读还极易产生疲劳，没有传统阅读的休闲和随意。因此有人认为，图书馆真正的竞争对手是书店以及各种形式的社会读书组织。目前书店越来越多，它们将售书与提供宽松的读书、选书形式结合，阅读环境舒适、自由，尤其是特价书市不断出现，往往其中的顾客大都是阅读而不买书。社会读书组织，诸如书友会、读书社、读者沙龙、读者俱乐部、图书银行等，它们采取会员制形式，以少量的交费，享受互惠互借书刊或优惠购书等，远比图书馆服务灵活、方便，颇受读者欢迎，已构成对图书馆服务工作的一个威胁与挑战。为此，我们应该充分发挥自己的优势，努力克服封闭、保守状态，进一步深化信息开发，加强网络化与数字化建设，提升服务人员素质与服务水平，化被动为主动，力争在各类精神文化服务方面牢牢占据自身应有的地盘。

4. 特色服务的思维

在科技、经济、教育迅速发展，社会需求日益多样化的环境下，扩大规模，并不是图书馆发展的最佳出路。特色产品和服务却往往能够在竞争中占据优势。因此，现代图书馆应树立特色服务的思维，充分利用网络和图书馆资源的优势，开展特色服务，使之在激烈的社会竞争中求生存、求发展。图书馆的特色服务必须建立在文献资源特色化的基础上，并以此构成用户服务的基础，为取得较好的服务效果铺平道路。

5. 3A 新思维

对于广大用户那些较低层次的文献信息需求，图书馆传统的服务模式和方式已基本可以使其得到满足。然而，如何满足广大用户那些较高层次的文献信息需求，应该说还有很大的研究空间。与知识创新相关的文献信息需求以及与审美、教学、认知相关的文献信息需求极为迫切。

"3A 思维"①，就是说，无论用户在什么时间、什么地方、通过何种方式，都能得到图书馆方便、快捷、高效的文献信息服务。要使这个思维变为现实，有赖于"虚""实"两个用户服务系统作为依托。所谓"虚"，就是基于网络的虚拟用户服务系统或称虚拟参考咨询服务系统。

6. 协作服务的思维

由于现代科学技术迅速发展，文献数量急剧增长，无论哪一个图书馆都不可能做到把某一学科文献收集齐全。而现代社会生活丰富多彩，用户的文献信息需求繁复众多，无论在哪一个图书馆都不可能完全得到满足。由于社会分工高度专业化，文献信息服务活动整体化已形成互相依存、互相促进的态势，图书馆联盟的作用将日益突显，人们愈来愈依赖于行业内与行业间的合作与交流，从而使交流与服务更加呈现多元化。

---

① "3A 思维" 是指无论何时（Anytime）、何地（Anywhere）、以何种方式（Anyway），努力使客户享受到满意服务的服务思维。

近年来，图书馆界为使自身形成一股群体力量，开展协调与协作，取得了一定的成绩。图书馆服务特别是馆际互借和文献传递服务未得到有效利用，不少图书馆的服务工作局限于本馆的文献信息资源，服务工作组织管理人员缺乏资源共享观念，造成服务拒绝率较高。

图书馆协作服务的目的在于提高服务能力与水平，使服务形式更加灵活多样，服务内容更加丰富全面。图书馆协作的组织形式是成立各种各样的图书馆服务联盟。鉴于信息网络已经成为全球化的格局，各图书馆在协作架构中怎样去组织、加工各种传统文献信息资源并有效地利用网络资源是服务工作中不可忽视的问题。

图书馆的协作服务实践要在各馆之间通过充分协调，从用户需求出发，选择关系全局、用户受益比较大的项目进行。这除了确定图书馆的资源建设方向外，还要解决为用户提供什么信息的问题。书目信息是图书馆开展服务，组织文献资源流通的基本手段，是文献信息资源"共建共享"的基础，务必优先集中力量做好，因为知识不仅靠积累，更重要的是靠检索。

图书馆协作服务还应该包括社会团体及用户群，只有把图书馆融入社会，并从中有效地汲取利用智力资源、物质资源等，才能互相服务，彼此信任，良性互动。协作与竞争是对立的统一，为了共同的利益开展协作，从协作中显示自身的实力就是竞争；而竞争又是为了共同的利益，更好地提高图书馆的协作水平。

7. 信息无障碍服务

所有公众都有享受图书馆服务的权利，信息无障碍的服务思维是全世界图书馆数百年来共同的服务宗旨。平等地获取知识信息是最基本的人权，图书馆开展对残疾人的服务是维护残疾人基本人权的体现。在工作实践中，信息无障碍服务思维可在以下五个方面给予体现：①以无障碍思维来设计图书馆建筑，包括残疾人专用坡道、盲道和相关卫生设施；②从方便读者的角度出发，设身处地为残疾读者着想，开展送书上门服务；③利用现代信息技术，大力发展网络服务和虚拟参考咨询服务；④摆脱传统的图书馆空间和文献资源按文献载体和文献类型布局的模式，改按文献的内容主题来划分，避免读者包括残疾读者的来回奔波；⑤根据残疾读者的具体服务需求，量身定做，开展个性化服务。

（三）图书馆服务思维的优化

1. 图书馆服务思维的优化必要性

在信息社会，人们不仅可以享用丰富多彩的广播、电视节目，还可以不出家门利用网上图书馆获取各类信息，甚至通过网络书店购买书刊。各种搜索引擎相继出现，改变了人们获取信息的方式。

社会信息服务机构的大量出现，打破了图书馆单一提供信息服务的局面，人们获取信息的途径和方式有了多种选择。从现实情况看，数字图书馆并没有取代传统图书馆，电子图书也没有取代纸质图书。图书馆要适应信息时代社会发展的要求，必须加强图书馆的建设，树立新的服务思维。图书馆服务是一种有着丰富内容和具有重要意义的工作，是图书馆工作的重要组成部分，是图书馆这个组织联系社会与用户的桥梁，是图书馆工作最终价值的体现，是图书馆工作的出发点和最终目的。

总之，图书馆服务工作要满足读者（用户）的需要，图书馆界应进一步探索图书馆服务工作的规律和特点，优化图书馆服务新思维，真正使图书馆服务工作迈上新台阶。

从社会发展的总体要求来看，图书馆必须进行服务思维优化。进入 21 世纪以来，信息技术的日新月异，使得知识交流、传播、创造模式发生了颠覆性的变革，网络资源成为用户获取信息的首选，信息用户将可以跨过传统图书馆直接获取信息。在应对挑战和顺应信息化潮流的过程中，图书馆必须通过解放思想和开拓优化来不断实现自身的科学发展。由于服务是图书馆的生命线，思维是一切行为的基础和先导，图书馆只有优化服务思维，才能在服务中突显其竞争优势，以适应时代发展的需要。

2. 图书馆服务思维的优化实质

图书馆服务思维优化，是通过更新观念，使图书馆人员主动为信息用户提供信息服务，是以提高服务质量为标准的更新和优化，优化的实质是"一切为了读者"的推陈出新，主要体现在其服务内容的丰富和完善。图书馆必须深化信息服务内容，充分挖掘馆藏实体资源和虚拟网络资源的内在价值，传统与现代互为促进，满足不同层次读者需求，这是图书馆服务思维优化的实质内容。

3. 图书馆服务思维的优化内容

图书馆服务思维的优化是相对传统而言的，优化不是对传统的批判或抛弃，更不是一味地标新立异，这其中更多的应该是继承、发扬和光大。图书馆服务思维的优化主要包括以下内容：

（1）自由、平等、博爱思维。图书馆界重视人的尊严与价值，包容人的弱点，注意为残疾人和其他弱势群体提供特色服务正是"自由、平等、博爱"精神的体现。自由、平等、博爱这些价值在图书馆服务中的体现，更多地表现在"平等"获取知识的权利上。在我国随着国家民主政治的大力推行，社会各界有识之士的共同努力，图书馆平等服务思维逐步受到重视，知识公平思维逐渐成为行业共识，自由、平等、博爱等普世价值逐渐被图书馆界接受。

（2）一切用户思维。图书馆服务的本质就是为了利用，图书馆服务以用户为中心的思维，是把社会的每一个人作为图书馆的服务对象或潜在的服务对象，是为了所有使用图书馆的人。对"读者"概念最大的改变是因为网络的出现，网上图书馆的发展，使图书馆用户不再局限于本地，而是遍布天涯海角。网络时代，图书馆用户到底有多少，不仅包括用借书证统计到馆的人数，还包括访问网上图书馆的人数。用户服务已经突破了传统"读者服务"的人数时间与空间的限制。

（3）从"读者第一"到"用户第一"思维。对整个图书馆服务来说，读者至上是永远正确的，始终是最重要的，我们必须努力地做到这一点。21世纪的图书馆不仅要考虑"读者第一"，更要考虑"用户第一"。不仅重视人们对图书馆的阅读需求，还要重视图书馆不只为本地区、本部门的用户服务，还要为本地区、本部门以外的所有人服务。有了"用户第一"的思维，就可以反思现行的图书馆服务并改善服务，既要改善阅读条件，吸引读者到图书馆来阅读，也要改善其他条件，吸引用户到图书馆来享有图书馆的所有资源。

（4）以人为本，从心开始。图书馆的服务要以人为本，处处把人放在最重要的位置。长期以来，图书馆的服务存在很多非人性化现象，如在馆内设置监视器，每个阅览室有防盗装置等。人性化服务是以尊重人、理解人为前提的，充分考虑人的需求，最大限度地给予人以自由空间的服务。制度是基础，人性化是方向，两者必须结合起来，人性化服务是具体的行动，是细微处见真情的服务。现代图书馆的服务思维就是"以人为本，从'心'开始"，即图书馆在服务过程中要更加关注用户需求、倾听用户意见，辩证地看待与处理馆员与用户之间的关系。图书馆服务过程中不仅践行"以用户为本，关注用户需求"的思维，同时采取相应的措施关注用户的心灵成长。

（5）用户参与，资源共建。泛在智能的产生和应用使得图书馆以用户为中心的社会主义核心价值观有了更加现实的技术基础和环境基础，同时把用户参与和互动作为图书馆资源建设与服务的前提依据。因此，泛在知识环境下，图书馆的发展要将这一思维贯穿图书馆资源建设与服务的全过程中来，通过应用网络和泛在智能的相关技术让用户付出时间和精力来真正参与图书馆的资源建设，从而让用户开始重视这份投入，开始在乎这份关系，并乐于分享其建设成果。

用户参与图书馆资源建设的方式为：图书馆利用技术构建图书馆用户的交流社群，使分散在不同应用系统间的个人知识产出不断沉淀，为图书馆积累了丰富的资源。

（6）单体联合，实虚结合。单体联合是指根据图书馆所服务的用户的类型、目标、兴趣所在区域等的不同，将图书馆联盟的所有成员按专业、兴趣年龄、能力等划分成许多独立的服务小团体，自如地融入各个需要他的用户群中去，服务小团体的构建也可视用户需求的变化不断地重组。

全媒体时代，图书馆的"体"不仅包括了图书馆的物理体，同时还包括了物理体内更小部分的物理体以及它们所分别对应着的网络环境中的虚拟体。也就是说，我们不仅要关注图书馆的软硬件资源配置、环境完善等外在条件，同时还要在这种大的物理体之内根据用户的兴趣与需求建立更多小的物理体，如信息共享空间、兴趣学习小组、精品图书导读组、专家咨询组、学科服务组、资源导航组等，并在网络中建立相应的虚拟社区，以实现图书馆"实虚结合"的建设思维。

（7）树立知识服务思维。知识服务是一种新的服务观念，注重对信息资源的深层次开发和利用，注重知识资源增值的一种服务。知识服务需要图书馆馆员努力成为"一专多能"的复合型知识人才，将分散在相关领域的专业知识加以提炼，形成符合用户需要的"知识精品"。

（8）树立竞争意识，提高馆员素质。随着社会文明与技术进步，图书馆形成了多层次的服务思维，图书馆服务思维的相继提出，要求图书馆馆员从多角度出发，用更优质的服务来最大限度地满足信息用户多元化的信息要求。为此，对图书馆馆员素质提出了更高的要求。在图书馆服务中图书馆馆员在不断提高自身信息素养的同时，还应充当信息教育家，"授人以鱼，不如授人以渔"，图书馆馆员通过自身的努力，促进大众信息素养的提高，促进社会的文明发展。

（9）优化服务思维。在文化传播载体和传播方式不断变革的挑战下，图书馆不仅要在硬件上有所提高外，更重要的是服务思维的不断优化。所谓"服务思维的优化"，也即服务思维要不断顺应原有思维赖以生存的条件与机制的变化而变化。在信息技术飞速发展的今天，现代化的服务手段大大提高了图书馆的服务效率，丰富了图书馆的服务内容，确实给读者和用户带来了许多便利。图书馆要优化服务内容，拓宽服务范围，必须致力于文献信息的深度开发和充分利用，因此图书馆要转向对文献资料的深加工，形成有分析，有比较、定性和定量研究相结合的三次文献。

（10）营销服务思维。营销服务需要图书馆全员的共同参与。图书馆领导在细节营销服务中的作用是至关重要的。图书馆领导是否具备营销观念、是否重视细节是图书馆开展细节服务的前提。图书馆领导往往更重视如何去发展，容易忽略已经发展的、有基础的、看似简单却不容易做好的日常工作，然而它们却是图书馆发展的重要组成部分。因为只有通过各种规章制度将细节制度化、规范化，建立各种"反馈""激励"机制，才能确保营销服务深入开展。中层管理人员应该将工作重点放在如何让细节不断完善上，同时还应做好培训工作，营造和谐的服务文化氛围。一线工作人员工作重点是用心做好本岗位的营销服务，一丝不苟。总之，营销服务只有领导重视、基层执行有力，才能体现其精髓。

（11）"零服务"思维。"零服务"的思维是企业管理中提炼出来的一种思维，这个思维本身是要说明没有（不需要）售后服务是最好的服务。后来人们把这一思维用到了服务上。"零服务"的思维具体内容包括"零距离""零缺陷""零投诉"服务。从图书馆读者服务角度分析，"零距离"服务是一种体现图书馆服务人员（馆员）与服务对象（读者）之间诚实、信任、贴近而真情、温馨、高效的服务。馆员与读者交朋友，建立起信任关系，让读者在图书馆服务中体会到馆员服务的人情味，进而形成亲和力，提高读者的满意度；"零缺陷"服务就是要求图书馆为读者服务做到尽善尽美，使读者对图书馆的服务无可挑剔；"零投诉"服务是图书馆最高的服务追求，通过卓有成效的服务，减少读者投诉，直至达到"零投诉"。图书馆要推行"零距离""零缺陷""零投诉"的服务思维，必须加强馆员培训，提高馆员素质，尽量缩小读者需求与图书馆服务之间的差距，实现图书馆服务的"零距离""零缺陷""零投诉"。

（12）"精细化服务"思维。精细化服务就是人性化服务，真正做到以客户为中心；精细化服务就是高品质服务，在用户群中有口皆碑；精细化服务就是超值化服务，让客户得到意料之外的价值；精细化服务就是优化式服务，服务方式灵活多变。精细化服务注重细节，强调人性化，以客户为中心，按客户的需求提供服务。

精细化服务思维强调对客户的贴心服务，用爱心、诚心和耐心向客户提供超越心理期待的、超越常规的、满意的超值服务，服务方式灵活多变，在细节处显示出对客户的尊重，用真诚换来客户的信任，正确对待客户的抱怨，善解人意为客户着想，了解客户的心理，区别对待不同性格的客户，热情主动细致，从小事做起，服务到位。可见，图书馆工作做细，可提高图书馆的利用率。精细化服务思维要贯穿图书馆服务的整个流程，让读者真正体会到图书馆服务的人性化。

第三节　图书馆的管理意义、内容与方法

一、图书馆的管理意义

图书馆管理是遵循图书馆工作的客观规律，应用现代管理学的原理和方法，合理地组织图书馆活动，有效地利用图书馆的人力资源和物质资源，使其发挥最佳效率，达到预定目标的过程，并在此过程中不断审查改进，最终圆满地完成管理任务。

（一）满足图书馆发展的需要

图书馆工作繁杂、内容众多，要想确保每一项工作都完成得井井有条需要我们付出不懈的努力。在这样的一个大系统之中，要合理安排每一个环节，确保物资供应的充足化。同时，还需要合理安排人力资源，让所有的工作者在工作时都能够有条不紊，遵循一定的流程，适时调节，合理引导，科学规划，统筹安排，否则，我们很难确保每一项工作都顺利开展下去。

社会的发展步伐日益加快，科学文化蒸蒸日上，图书馆建设在形式、内容、种类、范围方面也都不断深化拓展，用户之间也建立了更为紧密的联系。从中我们也能够深刻地认识到，图书馆不再是一个个独立的个体，它们之间彼此紧密相连，成为一个新的有机体。这就需要发挥管理的重要价值，使得不同图书馆之间、不同用户之间能够建立更为密切的关系。图书馆事业需要集体的智慧与力量，要从全国的角度进行考虑，合理分配，优化布局，协调配合，推进发展，促进图书馆建设迈上新台阶，使图书馆管理效果逐步增强。只有这样，各类文献资源的价值才能被充分发挥出来，才能被高效利用起来。

（二）满足信息服务和用户需求的需要

如今，世界各国文献的数量在以前所未有的速度增长，科学技术发展也更加成熟，信息来源多样造成真伪难辨，这就导致图书馆在开展正常的工作时需要做出更大的努力：一是面对纷繁多样、来源各异、内容多元的文献信息时，一定要严格筛选流程，科学加工，严格管理；二是必须通过多元化方式，为用户定位他们所需要的信息。为了实现这一目标，图书馆需要科学安排各项工作，定期进行专业化培训，严格信息和数据调研流程，了

解用户的真实诉求，这是图书馆建设过程中的一项重要责任。

（三）支持图书馆现代化的基础

信息技术飞速发展带来了图书馆发展的新变化。当下，图书馆在现代化的进程中迈出了关键的一步，管理科学化、政策标准化、技术自动化、运用智能化等成为未来发展的新趋势。而现代图书馆依托于严密的电子设备来进行运作，科学的管理是使其价值充分彰显的先决条件。

二、图书馆的管理环节

图书馆管理是通过决策、领导、控制、协调实现的。各环节之间不是相互割裂的，而是相互联系、相互制约的，它们共同作用于管理运动的全过程，从而形成了图书馆管理的特定内容。

（一）决策环节

任何优秀的图书馆系统及其所属的子系统的管理过程，都离不开正确的决策。图书馆系统的决策主要包括：图书馆发展方针、政策、战略方面的决策；各项业务工作的决策，如采集文献品种与复本数量的决策、分类法的选择、馆藏划分最优方案的选择、排架方式的选择、开架与闭架方式的选择等；人事方面的决策，包括人员学历结构的确定，人员更新与培训的方式，奖惩制度的制定等；财务、设备方面的决策，包括经费预算及其合理分配，设备、用品的选择等。正确的决策来源于正确的判断，正确的判断来源于周密细致的调查研究。因此，深入调查研究是决策过程中避免失误和少犯错误的重要一环。

（二）领导环节

领导工作是引导人们为实现组织的目标而努力，包括领导的方式方法等。图书馆要建立合理的领导层群体结构，注意选拔主导型人才，重视领导者群体的学历结构，加强领导者之间的团结协作。图书馆的领导者应当注意在正确运用奖励权利、强制权利之外，学习和掌握图书馆专业知识和管理知识，不断完善自身各方面的素质，加强自己的专家权利和个人影响力。要重视对领导艺术的学习与实践，包括授权艺术、决策艺术、会议艺术、用人艺术、奖励艺术等。

（三）控制环节

控制是按既定的工作计划、标准去衡量各项工作成果并纠正偏差，使工作按计划的方向进行。所以，控制不仅是对现有工作成果进行评定，更重要的是认识和判断工作发展的趋势并为改进工作提供信息反馈。控制的功能是通过输入、中间转换、输出、反馈四个环节实现的。

第一，输入。输入包括两个方面，一是物流的输入（包括人、资金、设备、物资、文献等）；二是信息流的输入（包括各种决策、计划、规章制度等）。

第二，中间转换。中间转换包括物流、信息流在图书馆各层次系统中的实际运动过程。

第三，输出。输出包括品种、数量、成本等各种指标。

第四，反馈。反馈即将输出信息回收到输入端，与原给定物流、信息流进行比较，发现差异，查明原因，干预以消除差异，从而达到控制的目的。反馈是控制中最重要的一环，反馈的信息有真假之分，必须对反馈的信息进行去伪存真的分析，以便对图书馆系统的各个工作环节进行有效的控制，保证图书馆均衡地完成工作计划，取得最佳的服务效果。

（四）协调环节

协调是管理过程中不可缺少的环节，它可以使图书馆事业的建设或一个图书馆的各项工作趋向和谐，避免矛盾和脱节现象。图书馆的协调，从微观角度来看，指的是图书馆内部纵向和横向的协调。纵向协调，就是要保持图书馆各层次子系统的上下平衡；横向协调，就是要保持图书馆系统各层次彼此之间的协作，以避免各个工作环节和各个部门之间发生脱节或失调现象。

图书馆的协调，从宏观角度来看，是指图书馆之间的协调。这种馆际之间的协调，也分为纵向层次的协调和横向层次的协调。纵向层次的协调指的是本系统图书馆从上至下的协调；横向层次的协调指的是本图书馆系统方针、任务与其他图书馆系统的协调。如省级图书馆属于公共图书馆系统，除了要与整个公共图书馆系统协调外，还要同高等学校图书馆系统、科学图书馆系统及其他图书馆系统进行横向协调，使各个图书馆系统紧密联系，均衡发展，从而充分发挥各种类型图书馆的功能，为广大用户服务。

三、图书馆的管理方式

图书馆管理方法是图书馆机构行使管理职能和实现管理目标的手段、措施与途径的总称。图书馆管理活动的各个层次、各个过程、各个环节都有与之相配套的方法。每种方法在管理活动中有各自的地位、作用和特点。同时，每一种方法都存在着局限性。因此，综合运用各种方式、方法，使之互相补充、相辅相成，是管理工作必须把握的关键所在。现代图书馆管理的方式很多，主要有以下几种：

（一）计划管理

图书馆计划管理的核心内容是图书馆计划。实施计划管理的前提是编制切实可行的工作计划。从制订计划到实施计划，再到检查计划的执行情况并据此进行调整，最后实现计划的预期目标，这是实行计划管理的全过程。图书馆计划的编制须遵循科学、客观、灵活、统筹等原则。一般来说，编制计划需要经过四个步骤：一是现状调查，提出设想；二是获取信息，回溯分析；三是预测未来，确定目标；四是制订方案，择优决策。

图书馆在制订计划，做出决策之后，只有通过对计划的具体执行，才能将所确定的计划指标转化为工作成果，以实现既定的目标。计划的执行，需要做到如下六点：一是分解指标；二是合理分工；三是明确职责；四是反馈控制；五是协调一致；六是及时总结。计划—实践—总结—再计划—再实践—再总结……周而复始，不断提高，不断发展。

（二）制度管理

图书馆规章制度是指图书馆工作人员或用户必须遵守的工作条例、章程、规则和办法。它是实行科学管理的有效依据和准则，是整个图书馆工作正常而有秩序进行的保证。各类型图书馆，特别是工作内容比较复杂的大型图书馆，必须建立一套严密的、科学的规章制度。

建立规章制度时，需要考虑四个方面的关系：一是图书馆与用户的关系，既要以方便用户使用为出发点，又要建立在管理科学化的基础上；二是用户与用户的关系，制定规章制度时要体现在保证重点用户需要的前提下，满足一般用户的文献信息需求；三是利用馆藏文献与保管文献的关系，图书馆的各种规章制定应当便利用户利用馆藏文献，但同时也要考虑保护图书馆财产的完整；四是图书馆内部各部门的关系。

图书馆应当建立一整套的规章制度，既应该包括行政方面的，也应该包括业务方面的。行政方面的规章制度主要有组织管理制度、岗位责任制度、人员管理制度、业务技术职称的评聘制度、经费的管理与使用制度、行政管理制度、安全保卫制度、统计制度。业务方面的制度主要有文献资料的入藏制度、文献资料的分类规则、文献编目规则、目录组织规则、文献借阅规则、书库管理制度、自动化工作管理制度等。

（三）岗位责任制

岗位责任制是以规章制度的形式明确规定每个工作人员的岗位职责，以及应该达到的基本要求，并据此进行考核和奖惩的制度。其核心内容有如下六项：一是科学设定岗位，明确岗位工作范围；二是明确各岗位的责任和具体任务；三是规定每项工作数量、质量和时限的标准；四是规定各岗位人员处理问题的权限；五是规范各岗位人员的职业道德；六是制定严格的奖惩制度。

（四）目标管理

目标管理是一种系统，在该系统中，下属和上级共同确定具体的绩效目标，定期检查完成目标的进展情况，并根据这种进展给予奖励。它是以重视成果的思想为指导，共同确定一定时期的总目标，通过层层分解、自我控制、自我管理手段来达到目标的一种管理方法。

图书馆目标管理，是运用目标管理方法来开展图书馆各项管理活动。它包括六个环节：①制定总目标；②层层分解目标；③制定落实措施；④安排人力和物力；⑤实施和控制；⑥效果评定。相对于岗位责任制而言，目标管理更适用于图书馆的工作性质和工作特点，更能体现图书馆目标的整体性，更能充分发挥人的自觉性和创造力，更能促进馆员业务素质的提高。因此，目标管理是我国图书馆的一种重要的管理方法。

（五）图书馆统计

图书馆统计是指运用统计学原理，对图书馆工作中的各种数据进行收集和整理，并运用统计指标分析各种数量关系，找出规律，从中发现问题、采取措施的活动过程。它是图书馆实行科学管理的重要依据，是图书馆实行量化管理的重要手段。统计结果可以客观、准确和全面地反映图书馆工作的各个方面的状态和图书馆活动的基本规律。

图书馆统计工作的内容主要有藏书统计、读者统计、借阅统计、设备统计和图书馆基本情况统计等，各种统计指标的有机结合能系统、科学地反映图书馆的活动情况。

第一，藏书统计。藏书统计主要是指对馆藏文献信息资源的数量、文献类别和文种以及费用、来源和藏书时间等的统计。其统计方法主要有分类统计和综合统计两种，主要以总括登记账或月报表和汇总表来体现。通过藏书统计，可以了解馆藏比例、数量和质量，对图书馆馆藏有比较全面的了解并进行有效的控制。

第二，读者统计。读者统计主要是指对图书馆读者的数量、构成及其到馆情况的统计。其统计方法有综合统计、分类统计和动态统计三种。主要统计指标有读者人数、到馆人数、读者类型等。通过读者统计，可以了解读者和馆藏文献的比例关系，掌握读者动态。

第三，借阅统计。借阅统计主要是指对馆藏文献的流通情况进行统计，可以了解馆藏文献的利用情况。其统计方法有分类统计和综合统计两种。通过借阅统计可以掌握读者阅读倾向和需要，明确馆藏文献补充方向，从而进行有效的文献采购和补充。

第四，设备统计。设备统计包括家具统计和电器统计。家具统计主要是指对书架、桌椅和其他办公设备的统计。电器统计主要是对计算机、服务器、网络设备、音响设备、监控设备、打印机、复印机、扫描仪等设备的统计。通过设备统计，既可以如实反映图书馆拥有的设备情况，也可以反映图书馆达到的现代化和数字化建设程度。

第五，图书馆基本情况统计。图书馆基本情况统计主要是指对图书馆的基本情况，如馆舍面积、组织机构、人员情况、经费等的统计，是了解和掌握图书馆最基础情况的有效途径。

除了以上统计外，在图书馆工作中，还有工作量统计、咨询统计、读者活动统计等。通过各种统计指标的有机结合就能系统、科学地反映图书馆的活动情况，例如，将借阅量与藏书量进行比较，就可算出藏书利用率，从而更好地掌握图书馆的活动规律，促进图书馆的建设和发展。

第四节　图书馆的高质量发展

一、图书馆高质量发展的构成要素

图书馆高质量发展，是新发展阶段对图书馆事业建设新要求，旨在贯彻新发展理念，构建新发展格局，推动图书馆服务从普遍均等走向优质均衡发展。图书馆高质量发展的构成要素如下：

（一）普惠性发展

普惠性要求不以营利为目的，不以市场为导向。高质量发展视角下的普惠性发展，要切实响应社会公众不断增长的文化需求，不断增加服务种类和数量，满足个性化、多样化需求。一是增强图书馆非基本服务内容和项目供给，如深层次情报加工等增值性服务。在普惠性要求下，可以适当收取一些成本费用，但必须严格遵循非营利目的，收支两条线，所收取费用应用于图书馆的设施维护、运行管理和事业发展。二是引导和鼓励社会力量，免费或优惠提供阅读活动、项目和服务。社会力量的全面参与，可以丰富图书馆服务供给，力求实现全面覆盖，提供全域服务。

（二）标准化发展

标准化是均等化的基础和前提，高质量发展视角下的标准化发展，更加强调政府对图书馆服务的保障水平，要求不断丰富供给内容，满足社会公众对美好生活的新期待。一是体现"应有尽有"目标。图书馆服务项目和内容的供给标准，要与当地经济社会发展水平相适应，让社会公众共享文明发展成果。二是完善"动态调整"机制。各级政府建立标准动态调整机制，根据经济社会发展变化，适时调整提高图书馆基本服务的内容和范围。三是达到"国际水平"程度。发达地区的图书馆服务供给内容和水平，要向国际同类发达城市看齐，"定标比超"，不断提升服务能力与服务效能。

（三）均等化发展

均等化，即普遍均等，是图书馆服务核心理念，要求不分年龄、种族、性别、国籍、语言或社会地位，向所有人提供平等的服务。均等化发展要求各级政府把图书馆事业纳入本级国民经济和社会发展规划，将图书馆建设纳入城乡规划和土地利用总体规划中，加大对政府设立的图书馆的投入，将所需经费列入本级政府预算，并及时、足额拨付。高质量发展视角下的均等化发展，要求图书馆服务进一步重心下移、提质扩容，有效扩大服务覆盖面。

（四）品质化发展

图书馆服务品质化发展，强调的是资源、活动、服务种类多、数量足，质量达到一定水平，有口碑、有品牌，社会公众利用后获得感强、满意度高。

高质量发展视角下的品质化发展，要求图书馆运营要专业，服务有品牌，供给更精准。一是促进图书馆专业运营能力提升。通过引进、培养、优化专业人才结构，加强图书馆队伍建设，通过向社会购买专业化服务项目，或者外包服务等，提升图书馆管理能力。二是加强图书馆服务品牌建设。品牌是质量的保证，有品牌的服务，才是优质的服务。服务品牌建设，本质上就是勇于创新，在图书馆服务的某一方面、某一构成要素上具有新颖性、科学性、引领性、示范性，由此才能形成明显的服务效益，具有更大的辐射作用。三是提升图书馆服务精准供给水平。畅通社会公众需求征询反馈渠道，建立图书馆服务目录"清单"，提供菜单式、订单式服务。可以根据年龄、职业、兴趣爱好等不同特点，有针对性地推出相关产品和活动，实现分众化、定制化服务。

（五）高效能发展

加强设施建设、完善服务体系、提高服务效能，是图书馆建设的三个递进目标。图书馆服务高效能，是指图书馆服务的效率高和效果好，是图书馆建设的最高目标，也是图书馆高质量发展的基本要求。

高质量发展视角下的高效能发展，要求实现图书馆设施网络全面覆盖、互联互通；服务内容和手段更加丰富，质量可靠；运行管理和保障机制完善，形成政府、市场、社会共同参与的建设格局。图书馆服务效能的提升，不仅取决于图书馆机构自身，更取决于一些关键性因素，如文化资源配置、信息科技应用、人员队伍建设等是否得到高度重视和有效保障。提升图书馆服务效能是一个系统工程，必须从强化保障、完善体系、突破制约性要素做起。

（六）可持续发展

高质量发展视角下的可持续发展，更加关注政府主导作用发挥的制度建设，做好顶层设计，实现科学发展。一是在体制机制上，深入推进图书馆法人治理结构改革，提升机构管理水平和服务效能，激发活力，创新服务内容和方式。二是在服务主体上，始终坚持"以人民为中心"，发挥社会公众主体作用，健全民意表达和监督机制，增强图书馆管理透明度，形成共建共治共享格局。三是在运行管理模式上，推动图书馆服务社会化发展，建立政府主导、社会参与下的供给主体"开放多元"、供给内容丰富、供需对接有效的现代服务模式。

二、图书馆高质量发展的新定位

（一）城市创新的基础和动力之源

人才，是城市创新发展的基础和动力之源。高质量发展的图书馆，应该有能力为城市发展提供专业信息、创新知识的支持保障。可以通过建立共享网络、开展情报加工等服务，满足政府、企业、有关组织及个人特定的专业需求，以服务创新应对信息时代挑战，助力城市发展，成为社会公众终身学习与城市创新发展的策源地。

（二）社会公众交往中心

空间，是资源、活动与服务的承载体。公共图书馆法明确将拥有固定的馆址和与其功能相应的馆舍面积、阅览坐席、文献信息和设施设备等要求，作为图书馆设立的前置条件，彰显了空间对图书馆的重要性。在技术发展日新月异的现今时代，图书馆的空间弥足珍贵。社会公众在图书馆，不仅希望得到个体阅读或自修的场所，更希望能够创新交流环境，在与他人交流的过程中形成新的知识、新的灵感、新的价值。

作为社会公众交往中心的图书馆，除了按照法律要求积极开展阅读指导、读书交流、演讲诵读、图书互换共享等多样性交流活动，吸引更多社会公众前来利用之外，还应积极拓展非基本服务，适应社会公众更多层次、多样化、个性化服务需求，从而激发阅读兴趣，激活知识应用，彰显图书馆空间价值。特别是在促进文旅融合发展方面，图书馆可以创设更多特色服务项目和内容，满足外来游客和本地居民的旅游服务需求。

（三）品质阅读服务中心

阅读，是获取知识、传承文明、提高国民素质的重要途径。高质量发展视角下的图书馆定位，不仅是各类文献信息的汇集之所，更应该是"多读书、读好书"的品质阅读服务中心。

在品质阅读服务中心的新定位下，图书馆应当创设优质阅读环境，遴选优秀图书资源，开展专业导读活动，组织经典学习沙龙，营造积极向上促进阅读的环境和氛围。图书馆应当努力拓展，由点及面，将品质阅读服务延伸至总分馆服务体系，覆盖所有人群，在全社会营造读好书的浓烈氛围，让品质阅读作为社会公众的生活方式，不断提高个人综合素养，增强社会道德力量。

（四）地方文化传承中心

图书馆是保存人类文化遗产的重要平台，具有"社会记忆装置"功能。它以文献信息的形式，将人类社会实践所取得的经验、文化、知识系统保存并留传下来，成为今天人类宝贵的文化遗产和精神财富。

图书馆相关法律特别要求政府设立的图书馆系统收集地方文献信息，保存和传承地方文化；加强古籍的保护，推进古籍的整理、出版和研究利用，并通过巡回展览、公益性讲座、善本再造、创意产品开发等方式，加强古籍宣传，传承发展中华优秀传统文化。

作为地方文化传承中心的图书馆，应当深入挖掘地方文献和古籍中深厚的文化内涵，通过展示与利用，让书写在文献中的文字"活"起来，实现地方优秀文化的创造性转化和创新性发展；与地方名镇、名人、名校、名企、非遗、文保、故居、遗址等相结合，创新文创产品研发、展售的内容、途径与载体，"活"化历史，夯实文化自信，成为传承、展示和激扬中华优秀文化的重要窗口。

第二章 图书馆读者服务管理

第一节 读者的结构解读

一、读者结构的含义

结构是组成一个整体的各个因素之间内在的稳定的联系。读者群体的结构相当复杂，有必要对其做详细了解，以便有针对性地开展读者服务工作。读者结构是指构成读者队伍的社会因素和自然因素之间内在的稳定的组织系统。特定环境下，由于受文化教育和社会任务乃至民族、地域、性别等因素的影响，趋同读者会产生相同或近似的情感、观念、态度和阅读诉求。同时，由于读者年龄、性别职业等差异，读者的阅读诉求和具体行为会表现出不同的特点。所以说，包括图书馆读者在内的读者也是有不同层次和类别的，这些不同层次和类别的读者构成读者的整体结构。按读者队伍的社会因素划分，读者结构可以分为职业结构、知识结构、民族结构；按读者队伍的自然因素划分，读者结构可以分为年龄结构、性别结构、生理结构、地域结构等。某一具体图书馆读者的构成，就是由不同职业、文化水平、民族、性别、年龄、专业素养构成的组织体系。

读者结构展现了图书馆队伍构成，反映了图书馆的服务对象。不同文献的需求和使用程度受读者结构影响，不同的读者结构对馆藏书的要求也不同，而且，读者结构和图书馆藏结构之间相互影响、相互制约，馆藏结构和读者结构两者之间要互相调整直至匹配，才能实现图书馆的健康和谐发展。也就是说，随着读者结构发生变动，馆藏结构也要进行调整以适应这种需求；当馆藏结构建立后，要重新明确自己所服务的读者结构。因此，读者结构的研究是非常必要的，它使我们了解和掌握图书馆的读者队伍构成现状及发展趋势，为做好图书馆服务工作提供现实依据。

读者在接触文献、认知文献的过程中，具有以下特点：一是具有接触、认知文献的主动性和目的性。二是具有接触、认知文献的选择性，主要是人的精力有限，只能选择自己最需要、最感兴趣的文献进行阅读。三是接触、认知过程的中介或传输途径具有多样性。现代化的图书馆拥有多种载体文献，能为读者接触、认知文献提供所需要的中介和传输途径。四是认知过程具有综合性。读者会结合自己已有的认知，不断对文献信息进行综合性加工处理，与已有的知识建立新的联系，丰富发展自己新的知识系统。五是接触、认知文献具有创造性。

二、读者结构的划分

（一）性别结构

性别也是人的自然属性，由于性别的不同，男性与女性虽然具有许多共同的阅读兴趣、内容、方式，但在阅读过程中所表现出来的心理与行为活动是有明显差异的。有关调查研究表明，男性多具有较强的竞争意识性，富于理性和自信心，自我控制能力较强，善于抽象思维；女性则大多富于感性，善于形象思维。这些心理活动特征深刻地影响着读者的图书馆活动，影响着读者对图书馆资源的利用。

在图书馆读者服务工作中，包括在家庭、社区中，人们发现，读者的性别差异反映在阅读需求、阅读兴趣和阅读能力等方面，与读者的年龄是密切相关的。如少儿读者，在阅读兴趣方面，男性读者要比女性读者广泛，而在阅读能力方面，女性读者要比男性读者强。人到中年，男性读者在阅读兴趣和阅读能力两个方面，在大多数情况下，都超过女性读者。再者，由于社会分工、家庭角色和负担，以及生理差异，男女读者的阅读需求和阅读兴趣等方面也存在许多差异。比如，女性读者除了对与自己相关的行为、职业信息有阅读需求和兴趣外，对与生活、社会有关的文献往往要比男性更感兴趣，新闻界所做的一些读者、听众调查也佐证了这一观点。男性读者除了对事业发展、行业、专业方面的文献信息感兴趣外，对时政类、政治法律类、健身类、娱乐类的文献信息往往比女性读者更感兴趣。读者的性别结构和特征提示我们既注重和满足不同性别读者的阅读内容和兴趣方面的需求，同时也应更多关照女性读者，多为她们创造有利于增强阅读兴趣、提高阅读能力的条件和机会。

（二）年龄结构

年龄结构是指图书馆的读者群按年龄段划分构成的比例，其所反映的是读者接受和理解文献过程中的心理素质和智力状况。

年龄是人类的自然属性，不同年龄段的读者智力认知能力和社会分工不同，自然表现出对文献信息需求层次的差异性，呈现各自不同的阅读兴趣、阅读目的和阅读方式。这也是我们针对不同年龄段读者的上述特点开展读者服务工作的原则和依据。虽然年龄的增长为吸纳积累知识创造了时间条件，但随着新媒体科技和计算机技术的飞速发展，以及图书馆数字化的加快，人类获取知识和信息的手段方式增多，为年轻人学习、研究、娱乐创造了有利条件。年轻读者是图书馆和文献资料的主要使用者，因此，图书馆如何引导年轻人有效使用图书馆文献资料，进行学习研究（包括休闲娱乐），是一个应该引起重视的问题。

读者年龄特征，就是指读者在生理、心理、智力机制方面正常发展的情况下呈现出的智力和心理状态。我们依据年龄可以将读者划分为少儿读者、青年读者、中年读者和老年读者等多种类型。少儿读者所表现出的阅读内容、阅读方式、阅读目的、阅读兴趣等特性，明显不同于其他年龄段的读者。青年读者在成年读者中是最充满活力的，也是较为复杂的读者群体。他们对各种事物和信息具有强烈的好奇心、敏感性和探求精神，他们所表现出的阅读内容、方法和兴趣等方面的特性具有多样性、复杂性和不稳定性。中年读者是读者群体中相当成熟的群体，体现在人生阅历、专业知识和思想水平方面相对成熟，所以他们在阅读内容、方式和兴趣等方面都具有明显的稳定性和专指性。老年读者则是读者中最为成熟的群体，但与中青年读者相比，老年读者的好奇心消退，保守求稳思想增加，较少受新思想、新观念的影响。他们中有已退休的从事科研教学的读者，其已从过去以满足科研、生产、教学等专业需求的阅读为主，转向以阅读娱乐消遣和健身养老等文献为主。需要注意的是，由于受老龄化社会和互联网的双重影响，图书馆读者发生了明显变化，中老年读者正逐步成为读者群的主体，图书馆应重视对老年读者的服务工作。

（三）职业结构

职业是指人们为了生存并能从中获取报酬所从事的某种业务或工作，它既是社会分工的需要和必然，也是人们赖以谋生的手段。社会分工不同，职业种类也多种多样，按行业大类区分，有工业、农业、商业、科技、教育、卫生等行业，每个行业中又有许多具体的职业、专业和工种。如果按照从业的时间来区分，职业又可区分为终身职业、阶段性职业和临时性职业。而职业结构是指读者在文献阅读过程中所体现出来的各种职业需求的比例，它主要表现为阅读中的职业需要、职业兴趣等特征，其作用主要表现在它能反映出读者相对稳定而又持久的阅读倾向。

从读者职业结构角度来说，不同的读者职业结构决定着阅读活动的不同内容和形式，构成读者群的不同类型。而稳定的职业结构，长期影响着读者的阅读取向。

读者职业特征是指读者从事某种职业、专业工作所表现出来的职业需求、职业兴趣和职业阅读活动的综合现象，这种现象反映了这类读者连续持久的阅读方向和发展趋势。就高校教师而言，从事高等教育和科研的大专院校教师的职业特征就是所从事的教学和科技具体职业的需求与兴趣，以及阅读文献活动的过程，而且通常会再现反映出他们相当长时间内持续不变的阅读方向和发展趋势。他们热爱本职工作，具有献身精神，为了教学和科研事业刻苦钻研，努力实践，表现出对本专业有关文献的强烈兴趣、高度的敏感性和特殊的驾驭能力，这是此类读者职业特征在读者阅读行为中的典型表现。

当然，不同职业、不同专业、不同行业和工种的读者，具有不同的阅读需求、阅读方式和阅读特点。他们虽有某些共同的阅读特征，但也有明显差异。大学教师和工人的阅读特征不会一样；文艺读者和农民读者的阅读特征也有明显差异。认识到这一点，对于图书馆、档案馆乃至文化信息产品营销机构而言，都是有意义的，可以有针对性地开展读者服务工作。

（四）文化结构

文化结构是指通过学校教育具有一定学历的读者在文献阅读过程中所表现出来的文化程度和知识范围的需求比例。文化结构主要表现在读者的文化特征上，即具有一定教育程度和文化水平的读者在文献需求上所表现出的内容深度、阅读方式、阅读目的的层次级别。文化结构能够反映读者对文献信息的接受能力和利用方式。不同文化水平的读者对文献的阅读内容、范围和深度是不同的，对图书馆的利用方式和需求价值也是不同的。当然也有例外。比如高校教师对文献信息的需求主要表现为二次文献信息和三次文献信息的需求，通常会充分利用图书馆特殊文献，以参考咨询和文献检索为主要利用方式，而一般的读者大多只阅读中文普通文献。

读者文化特征是指具有一定学历和专业技术职务的读者在阅读内容、阅读方式和阅读目的等方面所表现出来的层次上的差异。读者文化特征既反映各种教育程度和不同专业技术职务的读者在文献信息的阅读对象范围和阅读水平方面的差异，也反映其对文献信息利用方式及需求价值上的区别。我们重视和研究读者的文化特征，可以把握图书馆读者文化特征的主流，做文献采编、保藏和流通服务工作，更好地发挥图书馆的作用。

（五）特殊生理结构

所谓特殊生理结构，是指丧失部分生理机能的读者群所表现出来的生理结构和特点，这部分读者尽管由于生理上有缺陷，造成工作、学习和生活上的不便，但是他们同样具有阅读文献的需求和能力。一些有视障、听障等问题的读者，可以通过特定的文献信息进行阅读。这些特殊读者在阅读文献类型、阅读手段和服务方式上，受生理缺陷的制约，有特殊的需求。比如听障读者通过手语阅读，盲人读者通过触摸盲文读物阅读等，图书馆应为他们提供便捷的服务，有条件的图书馆还应上门开展服务。

第二节 读者的需求演变及其满意度提升

一、读者需求的意义

读者需求是指读者对适用图书文献的寻求过程。它以读者的阅读目的为出发点，以其适用文献的取得为结果。"读者的阅读需求是多种多样的，并且随着时代的变革而不断变化。"[①] 此过程体现了读者与文献之间的关系，属于阅读行为的前期活动。取得适用图书文献的过程就是满足读者需求的过程。读者需求的意义，表现在以下三个方面：

（一）推动图书馆的向前发展

随着社会、政治、经济、文化的发展，人们需要一个传播科学文化知识、保存人类精神财富、传递信息情报等文化机构的存在，用来适应各方面的发展。这便是我们所说的社会需求。这种需求具体体现为读者的需求，随着这种需求的不断增加而更新变化。因此，作为满足这种需求的图书馆来说，其内部机构、服务方式等都要相应变革。读者需求与满足这一需求的图书馆资源和服务工作相互矛盾的运动，便推动了图书馆的向前发展。因为图书馆的内部机构设置、藏书的最佳布局、藏书体系的形成、读者服务方式的确立等都是围绕读者需求这一目的展开的。例如，图书馆的文献服务、情报服务、技术服务等，其存在的目的就是满足读者对书刊文献的借阅需求、情报信息需求和特种技术需求。

---

① 肖军，翁晓华. 读者阅读需求研究 [J]. 思想战线，2009，35（S2）：168-169.

随着科学技术的飞速发展，图书文献的大量增长，社会的发展需求又赋予了图书馆参与情报传递的社会职能。而现代化的电子计算机、缩微技术、视听技术的应用则是更好地满足这一需求而在服务方式上的变革。在信息时代，读者需求又出现新的变化，使传统手工式服务的图书馆逐渐向现代化网络图书馆、虚拟图书馆转变。

（二）有效针对服务，提高服务效率

掌握各类读者需求的特点就能最大限度地避免工作中的盲目性，有针对性地采取相应的服务方式，从而提高服务效率，达到好的服务效果。区分各类读者需求的主次，分清哪些应该重点服务、哪些应该急需服务、哪些应该一般服务，是化解矛盾的一个重要途径。比如，图书馆的采购部门可根据不同读者需求和本馆任务，适时有效地选择采购文献，建立最佳的藏书体系；服务部门针对读者需求，可采取灵活有效的服务方式；领导部门可根据图书馆读者需求的结构层次，针对性地制定出工作部署和工作计划等。

（三）衡量图书馆工作效率，提高服务效果

"读者满意度已成为图书馆质量评价的一项重要指标，该指标的提高很大程度上取决于馆员对读者意见的及时、有效回应。"[①] 有效的服务要以合理的藏书结构为基础。它既涉及图书馆各服务部门的服务流程，也与图书馆领导部门的决策有关。一般情况下全面衡量图书馆的工作效果，对读者需求的满足程度进行的定量分析主要是通过拒借率的统计。在分析时还要与读者需求状况即藏书流通率、读者到馆率、图书周转率等结合起来研究，找出其症结所在，从而更好地提高服务效果。

二、读者阅读需求的类型

图书馆是社会发展需要的产物，这种社会需要的具体表现就是读者需求，图书馆就是以读者为对象的存在物。读者需求有利于图书馆工作人员业务水平和自身能力的提高，有利于完善和发展图书馆的各项职能，从而促进图书馆事业的发展。读者阅读需求大体可以总结为如下四种类型：

（一）业余型读者需求

业余型读者需求是从个人的兴趣和爱好出发，自发产生的一种阅读需求。业余型需求

① 王俊芬. 读者满意度引导下馆员回应力障碍及策略 [J]. 图书馆，2022（07）：87.

与读者的工作和学习一般没有直接的联系，它受自己个性心理因素的影响比较明显，反映了个人的爱好倾向及心理特征。

业余型读者需求是最为常见的读者需求，几乎所有读者都有这种阅读需求。如在人们遇到衣食住行方面的问题时，当人们想养生防病、锻炼保健、旅游、购物、化妆美容、适应社会、增长知识等时，都表现出这种需求。尽管这些是个人兴趣的表现，但受读者文化程度及素质品质的制约，以及社会、家庭、职业等多种因素的影响，业余型读者需求也会存在很大的不同，有些阅读需求成为读者个人发展方向的重要指导。因此，图书馆要善于发现和引导读者健康的业余需求，培养读者对科学技术、文学艺术的浓厚兴趣，使读者的阅读活动得以健康、有效地实现。

（二）社会型读者需求

社会型读者需求，是大家都在阅读类型相近的书刊文献。它明显地展示出时代特征和发展潮流的需要，此类读者需求不是个别的现象和主观因素造成的，而是社会需求和客观发展的趋势所迫。

社会的政治、经济、文化诸因素会给读者阅读需求不断施加影响，甚至在阅读文献的版本、内容，需求的强弱程度以及趋势等方面都会起着巨大的作用。这种社会型的读者需求呈现出的突出特点，就是读者在一个阶段对文献需求的数量较大，读者阅读的时间相对集中，使得某些文献数量暂时紧张，成为众多读者的阅读中心。

随着时间的推移，社会潮流的变化，社会型读者需求也会随之发生转变，有的会从短暂的阅读需求变为持久的阅读需求，有的会发生转移，形成新的阅读需求。面对这种社会型读者需求，图书馆工作者要用敏锐的观察和科学的态度认真对待，要经常关心国内外发生的大事和社会发展的趋势，同时要分析这种读者需求的性质、规模、强度以及时间的长短，掌握读者需求的发展方向，使读者的长久需要与现实需求充分地结合在一起。与此同时，应做好图书馆藏书的调配工作，加强图书的宣传，促进图书的流通，满足大量的社会型读者的阅读需求。

（三）专业型读者需求

专业型读者需求是指从事学习、工作、研究等专业活动的读者所提出的文献需求。这种阅读需求经常与读者自身的业务工作、专业学习和研究活动紧密联系。研究活动的开展确定了专业需求的范围、内容和要点。一旦满足了专业读者的需求，则使得读者在专业知识技能和解决具体问题的能力上有所提高，又会推动专业实践活动的进一步深入发展。由于专业型读者需求与其从事的专业实践在内容、目的、范围、时间上有一致性，因而体现出明显的职业特征，这种需求是为了解决面临的实际工作任务和难点，其需求的特点是专业性、资料性、咨询性。他们的阅读目的明确，干哪种工作，就阅读哪类文献，以求提高自己的专业知识和专业技能。

在阅读活动中，各种行业、职业、工种的读者，按照自身业务要求，其阅读需求和阅读倾向比较固定，对文献内容的要求具有针对性。相同行业、职业、工种的读者，其专业阅读需求的指向差别不大，但由于年龄、文化、知识结构和素质的不同，就会在文献利用的侧重点以及深度与广度上存在差异。一般来说，从事较为复杂的专业工作的读者具有专业阅读需求，而且需求的范围比较广、专业性强、水平较高、持久稳定。研究专业型读者需求的共性和个性特点，有利于更具针对性地做好读者服务工作。

（四）研究型读者需求

研究型读者需求是指为了解决某一研究课题，完成所担负的具体研究任务而产生的阅读需求。具有研究型需求的读者往往是围绕研究内容组织和开展阅读活动，以便了解课题的研究动向，掌握课题的研究水平。因此，这种读者需求所涉及的阅读范围具有长期的指向性和专业性，体现出较强任务规定性的特点。

任何承担了科研课题的读者，受研究任务的制约都会表现出积极的研究型阅读需求。如在科研项目选题阶段，读者通过查阅文献，了解某一领域哪些研究课题具有现实意义且有待深入发掘；在调研阶段，通过普查文献，了解本课题的研究成果及动向，从中筛选可供参考的资料、数据、事例和方法，以启迪思路，开阔眼界、形成新的认识等。

总之，我们可以找出他们之间的共性和个性的特征。社会型读者需求和业余型读者需求，具有较广泛的社会性和读者服务的共性特征。专业型和研究型读者需求，则具有读者需求的个性特征，这也是我们在读者服务中的工作重点。衡量一个图书馆的工作、文献收藏质量、工作人员素质水平、工作效率和服务能力的高低，就看它对重点课题、重点项目、重点读者需求的满足程度、服务速度和服务效果的层次好坏。我们研究和掌握了读者需求的主要特征，就可以对读者进行充分服务和区分服务。

三、图书馆读者满意度的提升对策

满意度是指人们对关系质量的主观评估，属于一种心理状态。读者满意度也属于一种心理状态，是读者对图书馆的心理预期和实际使用感受相对比产生的一种主观感受，是读者对图书馆质量的主观评价。满意度的产生受读者需求和读者期望共同影响，所以追求高满意度不能仅仅注重满足读者需求，读者对图书馆的心理预期对图书馆满意度影响同样很大。满意度是根据读者使用图书馆的实际主观感受填写问卷，给出评价基础数据，再对数据进行处理计算，表现出读者对图书馆的满意程度，反映图书馆存在的问题，据此给出相应的改进对策建议。

图书馆读者满意度的提升对策如下：

（一）合理配置资源

图书馆资源的数量和质量是图书馆向大众提供服务的物质基础，馆藏资源是影响图书馆读者满意度的第一大因素，图书的数量和种类、期刊的新颖程度、数据库的规模是设置的三个观测变量，这三个也是图书馆中最常用的三类资源，所以馆藏资源的改善有助于提高读者满意度。除了纸质资源和电子资源，不可忽视的还有人力资源。

1. 合理配置图书馆的人力资源

图书馆是提供基本公共文化服务的公益性机构，其本质是为读者提供优质的阅读服务，服务是图书馆的基本宗旨。某种意义上说，其服务者的素质以及服务的质量高低是优先于任何因素的第一印象，从某些层面来看，服务效果能成为评价图书馆水平和价值的尺度。而人力资源是提供服务的主体，人力的素质能决定服务的效果，但是基于人力的各项得分普遍偏低，比如馆内氛围、流通借阅服务等。

图书馆应该结合信息时代的特征和读者变化的需求，对人力资源进行培训和提升。图书馆可以变人工服务为自助服务，在科技发达的今天，很多事情不必依靠人力，电子化设备可以完美解决，但要有完备的设施，对读者和图书馆工作者进行培训，尽可能实现人员的优化配置。

图书馆应该对工作人员进行培训，强化效率意识，加快图书的流动，更好地发挥图书馆的作用，服务更多的读者。值得一提的是网站建设和信息推送，结合信息化时代的特征，还是有必要加强这两个方面的建设的，聘请专业人员对网站重新设计，凸显图书馆自身特色，并定期进行网站维护。关于信息推送也应该设置专门人员管理，保证信息的及时性、准确性和趣味性，增强与读者之间的互动。

2. 合理充实图书馆的纸质资源

纸质资源是传统图书馆履行其作为公共文化机构的基本载体，也是图书馆须重点建设的项目。因此，即使在电子化阅读的今天，纸质资源对图书馆依然具有重要意义。充实图书馆资源时应当有针对性地购买纸质资源，且重视对期刊的购买，图书馆管理人员应该扩大对期刊的预算，针对专业人士购买比较新颖的、专业性强的期刊杂志等，保证期刊的科学性和前沿性。

此外，要提高满意度，必须重新审视"供给"和"需求"的关系，馆藏扩充要兼顾专业性和多样性，并定期进行读者需求调查，根据读者需求购买纸质资源。

3. 合理购买图书馆的数据库资源

随着电子化阅读的推进，越来越多的人选择电子书籍，近年来电子资源的优先级越来越高，建设电子化的图书馆成了大势所趋。

（1）对读者进行电子资源查找、下载方面的培训，或者在相关设备旁张贴操作指南，方便读者查阅想要的电子资源。

（2）做读者需求调查，针对具体情况考虑放弃购买使用率低的数据库，扩充需求量大、使用率高的数据库。适当考虑切断设备的外网连接，减少使用设备进行娱乐的情况。

（3）营造良好的学习氛围。增添绿植，优化电子阅览室的整体环境，改变读者对电子阅览室的刻板印象。

（二）注重特色活动的建设

文化产业的核心和灵魂就是创新和创意，作为图书馆，特色活动是其独树一帜的招牌，是吸引读者的法宝。近年来，图书馆对特色活动已经越来越重视，所以打造特色活动有助于提升图书馆读者满意度。

1. 扩大特色活动的受众群体

文化活动对满意度影响程度较高且均值得分普遍高于其他各项观测变量，同时在对图书馆的调查过程中发现，读者的满意度影响文化活动的举办与宣传，因此图书馆为了提高阅读推广的知名度，文化活动会选择在馆内进行。图书馆运用"图书馆+"思维与媒体开展跨界合作，将图书馆的荐书、讲座、地方文化研究等资源通过广播媒体的专业编辑制作，以更具娱乐性、更生动的形式呈现在大众面前，一方面提升了媒体节目的文化内涵，另一方面借助媒体的传播优势扩大阅读推广的受众和效果，是图书馆与媒体合作"阅读推广+"的有益尝试。

2. 扩大已有特色活动的宣传与影响程度

图书馆已有的较成功的特色活动有"小图爱阅""名家论坛"和"市民学堂"，图书馆可以聘请更加知名的专家举办主题论坛，活动前张贴海报、推送信息进行宣传，鼓励读者参与。对活动内容和形式进行创新，增加和读者之间的互动，保证专业性和趣味性，读者参与之后有了良好的体验，可以更好地辐射到下次活动的参与人数，形成一个良好的闭环。

图书馆可以先确定活动主题，使用预约制报名形式，感兴趣的家庭可以由家长在微信公众号后台报名，活动当日带孩子参加。图书馆可以酌情考虑增加每场活动的人数上限，在图书馆设置宣传栏，张贴海报，吸引更多家庭参加，影响更多青少年。

3. 开发新的文化活动

图书馆有必要在已有的特色活动的基础上开创新的活动，将其打造为图书馆新的名片。如举办过读者沙龙和读者交流会的图书馆，可以在之前举办读者沙龙的经验基础上，开发新的读者分享会，给读者创造一个交流分享的平台，增添"图书漂流"的环节。图书漂流活动起源于 20 世纪 60 年代的欧洲，互联网的出现加速了图书漂流活动的普及。

在图书馆的读者活动中增添图书漂流环节，目的是鼓励读者互相分享，搭建一个推荐好书、交流思想、传播友情的平台，从而提升市民读书的精度、深度和阅读能力。在活动成一定规模之后可以邀请学界专家或者大学教师参加，充当主持人或者意见领袖的角色，保持活动的学术性与生活感，以活动扩大知名度和影响力，进而提高这部分读者的满意度。

（三）完善基础设施与环境

基础设施是组成一个完整图书馆的硬件基础，图书馆基础设施建设是完善公共文化服务体系建设的重要环节和组成部分；图书馆作为服务行业，必须转变服务理念，确立以读者为中心的服务宗旨，馆员和读者合力营造良好的图书馆氛围，以提高读者满意度。

1. 完善图书馆的基础设施

图书馆的基础设施分为：①实体基础设施。实体基础设施就是现实中图书馆的一些设备，比如桌椅、卫生间、指引标志、计算机等。②网络基础设施。网络基础设施主要是指网站建设和公众号运营。图书馆应该加强网站建设，美化页面设置，优化服务器，按照相应的分类对网站页面内容进行整理，方便读者点击，提升读者的浏览体验，进一步提升满意度。

2. 定期培训馆员和读者

服务读者是图书馆的基本宗旨，工作人员的素质和水平直接影响图书馆读者满意度。

新时代的图书馆应该转变服务方式、创新服务理念，向读者提供更高质量的服务。

图书馆在挑选管理人员时在注重专业能力时，应更加注重综合素养，一个好的管理者能够针对图书馆的问题制定各种措施，比如定期对馆员进行培训，强调图书馆的办馆理念和宗旨，面对读者的需求，能够及时、合理、专业地解决；需要重视规范管理制度、提供有效服务资源、提供个性化服务等。图书馆每年都有很多志愿者前来支持工作，图书馆也应该针对这部分志愿者开展培训，使他们更加了解图书馆基本情况，对业务更加熟悉，更好地获得读者认可。另外，图书馆也应该举办关于读者的培训。由于图书馆的图书分类有特定的标准体系，很多读者搞不明白，图书馆应该开展这方面的知识普及，方便读者对照指引标志查找书籍。

3. 营造适宜的阅读氛围

图书馆工作人员应该强化责任意识，及时制止不应当发生在图书馆公共区域的行为，更重要的是向读者普及图书馆文明，从根源上遏制影响他人的行为出现；同时针对读者反映的休息区灯光昏暗、封闭不通风等问题，图书馆应当改进休息区照明设施，增添通风口，放置盆栽绿植，优化公共区域整体环境，为读者打造一个良好的休息区域。馆员强化责任意识，读者加强自律，共同营造适宜阅读的氛围。

第三节　读者导读与读者教育

一、读者导读

（一）导读的性质与原则

1. 导读的性质

"导读是指图书馆以文献为依据，通过个别解答的方式，有针对性地向读者提供具体的文献、文献知识或文献途径的一项工作。"[1] 导读工作直接关系到读者服务工作的质量，是图书馆与社会相互沟通文献信息的中介，它能激发读者潜在的求知欲，从而加强馆藏文献资源的开发与利用。导读工作是搞好情报服务的重要举措。在新的形势下，图书馆"重

---

① 刘阳. 数字阅读时代高校图书馆文献导读工作探微 [J]. 图书馆工作与研究，2013（11）：96.

藏轻用"的旧观念正在改变，服务方式正在由"被动"变为"互动"。

"互动"即馆员与读者之间通过"中介"的相互影响和作用，这里的"中介"是图书、文字、语言、行为等。这种"互动"按其由浅入深的顺序可以分为三个阶段：①简单互动阶段。这一阶段中馆员与读者主要是借还书关系，双方没有思想上的交流，互不了解。②相互渗透阶段。这一阶段中，馆员通过设置借阅登记系统对读者的借阅行为进行统计分析，研究读者的个体和群体情况及借阅倾向等规律，其"中介"主要是读者登记、图书目录、开架借阅和书目宣传等系统，读者则通过上述系统来了解图书馆的业务行为。这一阶段馆员与读者之间仍然是一种间接的行为交流。③直接交流阶段。随着图书馆功能的逐步完善，馆员与读者之间通过各种咨询活动、报告会、讨论会，甚至通过科研合作等形式进行经常的语言交流。通过这种直接交流，馆员对读者的阅读心理和行为施加干涉和影响。这是一种较深层次的直接和及时的导读活动。

指导阅读效果最佳，指导阅读是读者在产生了自发的或原始的阅读思想后，通过与馆员的咨询，或通过参加专题讨论会、报告会等，具有较准确的阅读目标和阅读内容的阅读行为。所以，导读应是馆员针对不同读者的具体情况，通过语言交流和参与阅读活动而帮助读者进行阅读的活动或过程。

2. 导读的原则

导读是图书馆读者工作的核心和灵魂。其任务在于提高读者掌握与运用文献的能力，从而提高阅读效益，导读必须遵循如下原则：

（1）主动性原则。导读的主动性日益突显，已经成为当代图书馆读者工作的一个显著特点。导读的主动性要求馆员主动了解读者的需求，并予以相应的指导。导读必须注意启发与引导，对读者的主观愿望也不能无选择地全部满足，而必须根据图书馆的任务和社会进步的客观要求，使不恰当的愿望有所转化。凡此种种都要求导读必须贯彻主动性原则。

（2）针对性原则。由于读者数量庞大，类型结构复杂，导读必须在研究和区分读者的基础上，针对不同读者的特点来进行，以加强针对性，克服盲目性。图书馆馆员要根据所学不同专业以及不同的心理状态，即知识结构和思维规律等特征进行特定内容和方法的导读，这就是针对性原则的要求。

（3）科学性原则。导读作为一种对读者的教育活动，必须以当代科学的最新成就为基础，主要体现在三个方面：

第一，在阅读内容上，要宣传和推荐反映当代科学与技术水平的优秀文献，掌握相应学科或特定范围内的主要著作与最新文献，从而使读者以最少的时间和精力获得最系统、最先进的知识。同时，还要帮助读者提高对文献质量的识别能力。

第二，在阅读方法上，要根据各类型读者群的阅读动机、兴趣、目的与相应的心理特点，根据认识过程不断向深向广发展的规律，循序渐进地使读者掌握科学的阅读方法。要使读者通过实践学会科学地运用各种阅读方式，以及知识信息的加工整理方法。

第三，在阅读指导思想上，应以辩证唯物主义和历史唯物主义的观点来指导阅读。

（二）导读工作的意义与方法

1. 导读工作的意义

引导和培养读者的自学能力历来是图书馆义不容辞的责任。导读工作是图书馆读者工作中最积极、最富创造力，而且是前景最广阔的一项工作；导读工作与情报服务工作合力将图书馆读者工作拉向一个更高的层次；图书馆要开展主动服务，除了协助和辅导之外，我们更应重视导读工作，这反映了馆员的素质和业务水平。图书馆不仅要把书刊提供给读者阅读，更重要的是要把如何利用图书馆的金钥匙交给读者，使读者学会有目的地检索、收集、分析文献信息的方法。具体来说，图书馆开展导读工作的意义可归纳为如下两个方面：

（1）导读工作是图书馆有特色的深层次服务。未来图书馆强调文献的传递，人们将根据图书馆所提供的服务而不是其所拥有的财产来评价它们。因此，注重读者、注重服务、追求服务效益将是做好导读工作的目标，也是图书馆的立身之本和竞争之道。

处在网络环境和知识经济时代，用户的生活和工作节奏都很快，时间非常宝贵。读者进入图书馆的任何一个部门都希望能快、准、全地查找到所需信息。如果每个图书馆都拥有一批业务水平高、经验丰富的导读馆员，他们对馆藏文献了如指掌，掌握网上信息的搜索技术，能对读者阅读进行及时、必要的指导，并且能为读者提供他们所关心问题的进展情况，就会帮助读者在借阅活动中少走弯路。这样，就会形成其他机构如网吧、书店等场所都无法具备的优势。因此，导读工作是图书馆有特色的深层次服务。

（2）导读工作的好与坏已经成为衡量图书馆办馆水平的重要标尺。图书馆教育职能的特点决定了图书馆导读工作必须根据自身的优势，紧紧围绕丰富的馆藏信息资源展开工作。

导读工作是根据社会发展的要求，采取各种有力措施主动吸引和诱导读者产生阅读行为，并积极地干预和影响其阅读行为，从而提高读者的阅读意识、阅读能力和阅读效益的一种教育活动。导读工作是图书馆履行其职能、提高其服务质量的有效手段。图书馆可以发挥馆员主动性，有目的、有计划、有步骤，深入而系统地开展导读工作，是图书馆补充应试教育的不足、发挥素质教育职能、参与并服务教育的主导途径。可以说，开展导读工作是图书馆由被动服务向主动服务转变的标志，是图书馆读者工作的重要内容。

读者是图书馆永恒的主人，图书馆的所有工作都是围绕读者需求而运作、进行的，所以探讨图书馆导读工作，对于充分发挥图书馆的功能、提高图书馆利用率都具有十分重要的意义。

2. 导读工作的方法

导读工作开展得如何，将直接影响着读者利用图书馆，并制约着图书馆整体效益的发挥。导读工作可采用多种形式、多种内容，以期达到宣传优秀书刊，激发广大读者的阅读兴趣，提高图书馆文献的社会效益或经济效益。

（1）辅导读者合理利用图书馆。

导读工作是通过引导读者合理、科学、正确地利用图书馆及图书情报，来达到预期的社会教育目的。面对第一次进图书馆的读者，图书馆工作人员可向新来读者介绍图书馆的性质、职能、任务和发展概况，讲解图书馆藏书结构及使用方法；介绍本馆的服务设施及分布、服务手段、借阅规则、目录体系及检索方法等，使读者初步树立起图书情报意识，吸引他们步入图书馆，受益于图书馆。介绍方法可采用集体讲座形式，或把读者请进来边参观、边现场讲解，或者印发《图书馆读者指南》，或者放录音、录像等。

（2）传授阅读方法，提高阅读能力。

我们既要帮助读者使用正确的读书方法，又要培养他们学以致用的创新能力，培养他们自主学习、独立思考研究的能力。

导读工作是一种教育性质的工作，这种性质决定了图书馆要利用自己的资源优势，开展读者教育。导读工作就是授人以"渔"，从而使读者在书的海洋中能自由地畅游。传授阅读方法，提高阅读能力，开发读者潜能是图书馆导读工作中借阅指导的重要内容，也是终身教育的必备条件。

第一，阅读观念的教育。阅读观念是指读者对阅读的看法、态度，它影响着一个人的阅读数量和阅读质量，是阅读活动的动力。因此，在导读工作中，首先就要教育读者树立正确的阅读观，端正阅读态度。把阅读观当作人生观的一部分来对待，倡导终身阅读、系统阅读、联系实际阅读。

第二，传授阅读方法，提高阅读能力。基本的阅读方法主要有略读、概读、导读、精读等。阅读能力主要有记忆能力、理解能力、评价能力、快读能力、文献检索能力等。这些方法和能力的培养应该贯彻到导读工作的每个环节之中，同时要通过各种方式，组织一些活动和竞赛引起读者的重视，让读者认识到这是自我发展和自我完善的必备素质。

第三，开发读者的阅读潜能，激发读者的阅读兴趣，培养他们的良好阅读习惯，克服一些读者多变、不稳定的阅读兴趣，强化阅读意识，把读者潜在的阅读需求激发出来。

（3）各种形式的借阅指导。

第一，了解阅读需求。要搞好导读工作，必须了解读者的阅读需求，做到心中有数。将此项工作建立在读者阅读需求的基础之上，这就要求图书馆把调查读者的阅读倾向当作一项经常性的工作来抓。比如高校图书馆，至少每学期应搞一次这样的调查，以便在此基础上制订可行的导读工作计划，使这项工作开展得确有成效。在开展导读工作中，虽然有图书馆"干预"和"扭转"读者阅读兴趣的一面，但同时也存在"顺应"读者阅读潮流的一面，这两个方面的工作都很重要，不能只强调一个方面。

第二，激发阅读兴趣。导读是对读者进行读者教育的基本方法之一。教育效果如何取决于激发读者阅读兴趣的效果，取决于图书馆文献资源开发利用的深度和广度，图书馆既要提高现有读者群的借阅兴趣和求知欲望，还要激发潜在读者群的阅读兴趣。图书馆要有针对性、目的性地创造条件，向潜在读者提供合适书刊；通过建设良好的读书风气，启迪潜在读者的借阅兴趣；研究、了解潜在读者在知识积累中的空白，有的放矢地为他们提供所需导读书目和书刊文献；在提供专业知识书刊的同时，还要提供有开拓意识和竞争意识的图书文献，把他们吸引到图书的海洋里来。

第三，指导阅读目的。教育读者树立正确的阅读目的及指导他们"怎样用书"，是导读工作的重要内容。读者走进书刊辅助书库后，可以进行广泛的阅读和涉猎，起到消化、充实、扩展课堂学习内容的作用，还能扩大视野，增加信息量；尤其是第一次进图书馆的读者，什么书都想看，或者面对书海，不知要看什么书，而对自己真正想看的书缺乏针对性，图书馆有责任帮助他们克服借阅中的盲目性和随意性，做好借阅的向导。

第四，引导读者有系统地阅读书刊，不断提高阅读能力和效率。导读工作要以提高读者查阅和利用文献的能力以及他们的阅读修养及阅读效果为主要目标。

二、读者教育

（一）读者教育的意义

第一，读者教育可以使更多的潜在读者成为当前读者。读者教育有助于将社会中潜在的读者变为图书馆的当前读者。而潜在读者转变成当前读者，是图书馆利用率提高的最快捷、最有效途径。只有激起更多社会大众的读书热情，向他们宣传图书馆，使更多的人成为图书馆的读者，图书馆事业才能进入良性循环。读者多，证明社会对图书馆的需求旺盛，政府和公众才会支持图书馆，图书馆才会越办越红火，图书馆事业才会更加兴旺发达。

第二，读者教育有利于读者与图书馆之间的沟通。对于当前的读者来说，读者对图书馆的了解越多，利用越主动，阅读兴趣越广泛，文献需求越多样，反过来会促进图书馆服务方式的多样化、服务领域的拓展、服务效益的提高。建立在读者与图书馆相互沟通基础上的读者工作必将会焕发出勃勃生机。

第三，读者教育有助于文献信息资源的开发利用。图书馆的图书在提供给读者使用中，向读者提供一次文献，当然是图书馆的主要工作之一，但它不是图书馆工作的全部。图书馆对馆藏文献的深度开发，如开展专题服务，编制文摘、索引，撰写综述、评论提供给读者，在现代信息社会更能凸显图书馆的价值。而这一工作的开展，同样需要读者工作作为媒介。通过读者教育可以让读者充分了解图书馆所具有的功能、服务项目，图书馆这座信息的宝库肯定会得到社会大众更充分的利用。

（二）读者教育的作用

1. 图书馆日新月异发展的需要

图书馆的发展，是从一个为极少数人享用的藏书楼演变成为一个为大众服务的文献信息中心；以收藏书刊为主体发展成为提供以多种媒体，尤其是以电子格式为媒体的信息；从封闭式的服务走向开放虚拟的信息服务。当代图书馆正以一个全新的面目跃进新世纪，一个个的图书馆正在被网络连接起来，信息资源的数字化、虚拟化，传播渠道的网络化、远程化，信息运作管理的电子化、自动化，信息处理服务的社会化、全球化已逐步形成。

图书馆积极地使用读者教育，把对个别用户的逐一回答集中起来，加大咨询力度，延伸咨询的功能，来帮助读者了解、应用图书馆的新资源、新设备、新服务。教育要跟上，以使读者成为现代图书馆的能动和主动的读者。当前我国的图书馆正在进入这股现代化的洪流，以网络中心、图书馆为连接中心的信息基础设施给建设现代化图书馆创造了良好的条件。

2. 知识创新和经济建设的需要

知识经济是以知识为基础的经济，这种经济的发展直接引领带动了知识和信息的生产、扩散和应用。它的基本特征是知识不断创新，高新技术迅速产业化，软件产品的比例、无形资产的比例大大增加，是一种知识密集型、智慧型的崭新经济形态。在知识经济时代，科学技术尤其是以信息产业为代表的高技术将日益成为经济增长中的首要因素，它对我们的现有生产方式、社会生活、思想方式，包括教育、经营管理以至领导决策等都将产生重大影响。

既然知识经济是以现代科技为核心并建立在知识的生产、处理、传播和应用基础上的经济，那么围绕以信息资源的收集、组织、整理和传播为活动中心的图书馆所面临的挑战是严峻的，机遇是难得的。信息已经渗透到社会经济生活领域的各个方面。

3. 人才素质培养的需要

为满足人才素质培养的需要，重视高校教育是关键，因为高校应该是培养和造就高素质的创造性人才的摇篮；应该是认识未来世界、探求客观真理、为人类解决面临的重大课题提供科学依据的前沿；应该是知识创新、推动科学技术成果向现实生产力转化的重要力量；应该是民族优秀文化与世界先进文明成果交流借鉴的桥梁。

加速知识创新、加快高新技术产业化的关键在人才。学生在校应该学会学习的方法，学校对学生必须加强科学基本知识和实验技术的训练，必须加强获取信息、处理信息、利用信息、交流信息能力的训练。独立研究的能力，知识自我更新与创造能力均与信息能力息息相关，因此信息能力的培养是学生综合素质培养的一个重要方面。

读者要达到自由地进行信息开发应用，则必须掌握信息源，了解信息资源的分布状况，了解信息网络的分布及网上信息资源范围，最好能熟悉各种信息机构，当信息需求产生时能主动用相应的信息对接。因此，现代技术条件下的读者教育的重要内容是向读者进行软件培训。当然，信息能力培养对于不同的读者采取不同的方式，图书馆应针对读者不同的信息能力，有针对性地开展培训活动，逐步提高用户群的信息能力。

（三）读者教育的时机、实施步骤与方式

1. 明确读者教育的时机

开设图书馆的导向和授课，应在读者感到有需要到图书馆去的时候。在读者产生需求知识动机的时候提供读者教育，才能收到最佳效果。高校图书馆和中小学图书馆的导向教育的最好时机是在新学年开始之时，那时所有可利用的设施正在向学生进行介绍。当学生正从事一项非图书馆的项目或课程，而又需要查找文献，这时开设情报检索课，其成功的可能性最大。这个过程称为同课程相关教育。另一个有关的术语是同课程结合教育，它是把图书馆使用教育密切地结合到非图书馆的课程中。在这两种形式的教育中，图书馆人员与院系教师是互相配合的，在同课程结合教育中尤其如此。

2. 读者教育实施步骤

实施读者教育，首先要进行调查研究，摸清读者最迫切需要的教育有哪些，列出主次，计划先后，摆正关系。其次要研究读者的经济、文化承受能力，选出最佳教育时间，分期、多批地由低级向高级渐进教育。

（1）对知识群体进行辅助教育。辅助教育是辅导该群体学会利用图书馆。辅助教育包括辅导读者了解图书馆藏书体系、藏书布局、地点、机构设置、服务方式方法，了解图书馆现代化程度，使用计算机的服务窗口、联网程序、软件系统等；辅导读者掌握图书馆借阅规则、规章制度；辅导读者掌握各种工具书的使用方法，了解服务范围，以及复印、复制收费标准；辅导读者使用计算机，预防计算机病毒等。

（2）被动教育，是图书馆根据社会发展的需要和读者群体素质实施的教育，图书馆主动进行，读者被动接受。

3. 读者教育的方法

理想的读者教育是由两个单元即导向和授课组成的一个连续过程。导向，主要指引导读者了解使用图书馆的一般方法和有关的服务项目，以及某一图书馆的组织、结构和设施。授课，是指让读者学会使用专门学科范围内的可取得的情报源。如有必要，这两个单元也可以结合起来，它并不排除开设经过组织的课程等。实践表明，通过各种形式的读者与图书馆的接触，图书馆读者教育具有扩展性和整体性。此外，这种形式的读者教育将按照读者的需求促使导向和授课结合起来。

图书馆读者教育的教学方法是整个教学方法体系的组成部分。它既有一般教学方法的共性，又有体现读者教育教学特点的个性。各个图书馆在开展读者教育的实践活动中，应注意从自身的主客观条件出发，有的放矢，做到系统性与针对性相结合。图书馆读者教育的教学方法作为一个完整的体系，它主要包括如下七个方面：

（1）授课法。授课法是教学方法体系中运用最为普遍的一种方式，在图书馆读者教育工作中，它也是最为主要的教学模式。由于授课是通过听觉和视觉的双重效应来达到传授知识的目的，所以它具有较好的教学效果，能够使读者在较短的时间内，系统地掌握有关的图书情报知识和提高文献信息的检索技能，从而按照读者教育的计划和要求，达到读者教育的基本目标。

授课法是一种重要的读者教育方法，然而它作为一种被动的授课方式，不利于培养读者的感性认识和动手能力。所以，像"文献检索与利用"这类课程的教学，单纯采用授课法是远远达不到目标的，必须辅之其他的教学方法，尤其要注重指导读者参加具体的实践，亲自检索和利用各类文献，才能达到事半功倍的效果。

（2）举办讲座。针对不同的短期教育，举办各种内容的讲座。通过讲座能在较短的时间内，系统地介绍某特定方面的知识。这种形式的弊端是不便使读者接受系列化教育。

（3）个别辅导。这是图书馆最早采用的传统教育方式，能及时解决少量读者在利用图书馆过程中遇到的困难，具有较强的针对性。但这种形式缺乏系统性，难以让读者获得较完整的知识。

（4）群体参观。这种形式主要是针对图书馆的新读者群，如入学新生，其目的是让读者尽快地熟悉图书馆，包括图书馆的环境、文献分布情况、目录设置情况、服务项目、规章制度等。参观过程中，读者有机会认识图书馆工作人员，促进他们积极主动地寻求图书馆工作人员的帮助。但是这种形式主要是给读者感性认识，既不便于详细介绍读者教育的内容，也不便于解决读者个人随时遇到的专门问题。

（5）视听法。近年来，在图书馆读者教育中，视听介质如电影、录像带、磁带、幻灯片和录音带的应用日益广泛。它使用灵活，既可用于小组教学，如作为讲课或讲习班内容的补充说明，也可用于个别辅导、备课，还可重复放映。它还可以随时使用，无论讲课教师或图书馆馆员是否在场，一有需要，学生即可使用。磁带和幻灯片易于放映，也便于收藏。其放映速度在小组教学时，可由讲课者控制；个人使用时，可由学生自己掌握。

（6）资料法。印发资料是一种书面教育形式，适用于没有集中参加培训的读者，也可作为参观图书馆或讲座形式的补充。材料的内容可深可浅、可专题、可系统。但是这种材料普及性强，不能顾及每位读者的不同特点，而且这种方式依赖于读者本身的积极性和阅读能力等，极容易出于读者的某种原因及材料的设计不当而达不到理想的效果。

（7）利用互联网多媒体。利用互联网交互性的特点，图书馆读者教育可以因地制宜，因时制宜，既节省人力，又提高教学效果。

在科学技术迅速进展的今天，图书馆读者教育必须训练读者利用互联网检索所需文献信息的能力。在新的条件下，需要探索一条新的读者教育之路，使读者人人会使用现代化技术检索自己所需文献资料。在读者教育中工作人员都要及时把最新的信息技术介绍给读者。

（四）图书馆读者健康信息素养教育

健康素养是一种个人能力的衡量标准，它涉及对健康信息和健康服务两个方面的应对。信息素养包含信息意识、信息技能、信息伦理三个方面。而将信息素养的概念借鉴到健康素养之后，完善了健康信息素养。健康信息素养是识别健康信息需求，鉴别可能的信息源并运用它来检索相关信息，评价健康信息的质量以及具体情境下的适用性，分析、理解并使用健康信息做出优质健康决策的一系列能力。

1. 健康信息素养的构成

（1）健康信息需求意识。身体是支撑每个人实现自我追求的根本，健康信息用处可分为预防、治疗和养护三个阶段，用户的健康需求是健康信息需求的前提，所以每个人对于健康信息理应存在长期性的需求，健康信息意识是可以通过后天培养、外界提醒提高的。

（2）健康信息搜寻技能。健康信息搜寻技能是指用户需要自行查找定向健康信息时的能力，受群体的工作、性格、受教育水平等因素影响，每人都有偏好的信息搜寻方法。高级网络健康素养者更多在健康网站搜寻信息。

（3）健康信息理解与评判的能力。健康信息理解与评判能力，是指当用户通过各种方式检索到健康信息后，会对其进行内容理解、价值评价和真假判断，不同的健康检索工具和渠道影响了获取的健康信息的可靠性。信息评判能力是对信息搜寻能力不足的一道保障，对信息搜寻结果进行及时的评判可以促进下次的信息搜寻技能提高。

（4）健康信息决策能力。用户运用获取的健康信息做出决定是健康信息使用能力的体现，是高健康信息素养的要求。适当的健康决定可以帮助用户处理面对的健康问题，节约医疗开支，得到优质的预后效果。健康信息决策能力决定了用户解决健康问题的方式，培养成熟的决策能力可以很大程度地节约公共医疗资源，改善亚健康。

（5）健康信息伦理与道德意识。良好的健康信息素养的人，应该具有一定的健康信息道德，保护自己的隐私，不窥探他人健康信息，乐于分享，不造谣传播谣言，用良好的道德感约束自己的日常健康信息行为，因此教育不光是教会用户搜索信息，也引导用户合法使用信息。用户的健康素养与其在微信朋友圈转发健康信息的意愿呈现较为显著的正向影响关系，即健康素养越高的人群，愿意通过社交媒体传播分享自己搜寻的健康信息，一个健康素养高的人，可以影响他身边的人群的健康信息素养，所以应该提倡用户在保护隐私信息的基础上，分享自己获取的健康信息。

2. 健康信息素养教育的意义

（1）履行自身定位职能。现代图书馆本身担负着社会教育的职责，是非常合适的社会教育场所。随着义务教育普及，文字素养教育时代的任务已经不能满足如今用户对知识的要求，信息、媒体、数字和技术等多元素养教育被提上图书馆议事日程，图书馆也应该与时俱进。现在许多家图书馆通过线上推出了阅读专题和数字资源，主动承担了部分社会教育任务。

（2）提高居民健康信息素养平均值。居民的健康信息素养差距在不同地域和城乡的横向对比中都很明显，而部分居民不成熟的健康信息素养拉低了平均国民健康信息素养，阻碍了居民整体健康水平的提高，加重了医疗压力。较低的健康信息素养意味更高的增长空间和更快的增长速度，乡镇的居民更加需要多种教育途径提高健康素养，而当前我国图书馆设点网格覆盖城乡，可以与基层医疗机构合作，向读者提供学习场地、可靠的健康信息、培训导师、查阅信息的设备等，承担地区健康信息素养教育的部分任务，最终达到提高国民健康信息素养平均水平的目的。

（3）发挥图书馆优势。图书馆作为服务平台，拥有多方面的优势：①馆藏资源。图书馆既有大量的健康类书籍、报刊等传统纸质文献，也有各类医学数据库、文化共享工程等电子资源，更有现成的地理位置和空间条件，提供健康信息教育有着得天独厚的条件。②社会定位。图书馆是由国家财政拨款的组织，没有商业因素干扰，提供的健康资源必然具有更高的真实性和准确度。③用户优势。图书馆拥有庞大的用户群体，普遍有较高文化层次，对新知识具有好奇心，信息接受程度高，同时对图书馆保持信任，接受健康信息教育的效果也会更好，由图书馆用户率先接受教育，可以带动身边人群逐渐加入学习，增加对健康信息的敏锐度，刺激健康信息需求。

3. 图书馆健康信息素养教育水平的提升措施

（1）明确以用户为中心的健康信息素养教育理念。

第一，多渠道了解用户需求。参与健康信息服务的馆员，通过平时工作经验积累，可以凝练总结用户的健康信息现状和获取规律，提供更加满足用户需求的个性化健康信息教育方式；积极采用馆员访谈的形式，调查未参与活动用户对活动的看法和已参与用户对活动的体验，总结优缺点。从客观角度，采用调查问卷形式，记录用户的健康现状和健康信息行为，调查用户健康信息素养的影响因素。

第二，多形式宣传健康信息素养教育。为了帮助用户树立健康信息意识，唤起用户的健康信息需求，介绍图书馆开展的健康信息素养教育工作，吸引更多用户使用健康信息服务，图书馆务必要提高宣传力度：①图书馆网站应该开设网站健康信息服务板块，并将入口设置在首页明显的地方，简化下级目录，以此减少用户在网站浏览健康板块时的干扰选项；②在馆内场地积极设立实体展板、立牌、手册进行宣传；③借助微信公众号、微博平台预告当月活动，与平台合作，采用开屏、推送、广告等方式在应用上进行宣传；④鼓励用户带动身边亲朋好友参与，推出多人组队活动；⑤可与社区合作挖掘馆外潜在用户，在小区设立办证服务处，提供送书上门服务，宣传电子健康资源使用方式。

第三，注重用户隐私保护。在参考咨询服务过程中，馆员应遵循遵守职业道德，保护用户隐私，不戴有色眼镜；严格区分提供健康信息与医学建议；在回答问题过程中引导用户注意对隐私信息的保护。为了更好地对用户进行服务，打造个性化健康信息档案，图书馆必然要收集用户的个人健康信息，为用户推荐更优质的健康信息素养培养方案。若开展此项服务，图书馆需要加强行业职业道德规范，对参与服务的馆员，务必进行道德规章培训，塑造馆员的职业道德，成为保守隐私的角色；同时，推出隐私条例，服务过程透明化，也应让用户知道自己的健康信息会被用在哪些方面，保障用户对信息拥有绝对的知情权，有利于打消用户疑虑，积极地配合教育方案，提供教育效果反馈。

（2）优化健康信息教育服务质量。

第一，丰富健康信息教育内容。图书馆应该从健康信息需求意识、健康信息搜寻技能、用户健康信息评判能力、用户健康信息决策能力、用户健康信息伦理道德教育五个方面，设计健康信息教育课程，在教育过程中更应该考虑用户长期使用体验，帮助用户将馆内学会的信息技巧运用到日常生活中，例如刺激用户对健康信息的需求，可以在讲座、展览中展示健康信息对维护健康、病后疗养的好处；推出更多健康主题的信息搜寻技能课程，展示利用搜索引擎寻找健康信息的技巧；微信平台是常见健康谣言的温床，展示生活中常见的健康谣言，教育用户辨认虚假信息；分群体开展专项教育，例如对未成年人关注健康信息伦理道德方面的教育，还有热门健康话题讨论，健康网站和平台推介等。

第二，完善健康信息教育手段。现代的图书馆拥有更加多样的资源、技术、平台，在开展教育时，应当拓宽思维，探寻多种服务方式与健康信息素养教育的结合。①通过线上网络，实现个性化信息推送。图书馆提供给用户标签，由用户选择偏好的健康信息，此后，馆员根据标签定期将整理好的信息推送到用户的邮箱、账号等接收端，这些信息的类型包括健康文章推送，健康信息网站链接导航，专家学者健康信息讲课视频，急救技能演示等。②线下开展多样化健康信息活动，省级图书馆平均每天的人流量可以达到上千人，线下活动可以言传身教地起宣传作用，比如开展多阶段健康生活比赛，引入奖励机制，鼓励用户以团体的形式报名，规定利用图书馆的馆藏资源答题，举办读书会分享养生技巧，随纪念品发放健康信息宣传小册子。受访用户最经常参与的馆内健康信息活动是书籍借阅和健康讲座，而检索培训和素养教育课程较少人参与，考虑大部分用户认为自己没有时间到馆内参与活动，针对此，图书馆可以考虑将更多的教育活动放在线上进行，不需要用户实际到馆。

第三，打造健康信息教育品牌课程。图书馆打造知名品牌，拥有当家课程，既起到宣传的作用，也是课程质量的体现。品牌活动代表这个系列的活动是长期连续的，用户可以通过长期的积累得到提高，本身即是一种稳定性。以讲座为例，应掌握的要素包括：①确定讲座的主题，与人体健康有关的内容，向用户提供健康信息。②提前设想讲座的对象，在设计讲座前对听众进行定位有利于保证讲座的到座率。③主讲的专家学者。绝大部分用户偏好选择医务人员作为健康讲座的主讲人，因为他们的身份更有说服力，经验丰富，互动性强，图书馆要与医疗机构、专家形成稳定合作，构建自身名师资源库。④宣传。品牌效应具有很大的吸引力，但也要借助宣传把品牌传播出去，形成良性循环，做好前期预告，现场直播，事后回顾及时更新新闻稿，通过高频次的宣传给外界用户复习品牌概念，加强品牌形象。

第四，明确划分健康信息教育责任范围。随着图书馆健康信息服务的开展，关于健康信息的咨询增加，用户往往会模糊信息咨询与健康咨询的边界，图书馆的声明既是对健康信息质量的保证，同时也可使馆员在无形之中放下负担，提高服务质量，图书馆馆员应当是提供权威健康信息资源的角色，要避免过度给予用户健康建议。

（3）做好健康信息素养教育资源保障。

第一，设立健康信息服务专项资金。馆员扩充，健康信息资源采购，健康活动开展都需要资金的支持，设立健康信息服务专项资金是图书馆对健康信息素养教育重视的体现，社会版权意识逐渐加强，网络上的健康资源不能随意取用，设立专项计划划拨专项资金，增加健康资源的购入，保障资源的长久稳定，设立健康项目基金，丰富馆内活动，在各类活动中引入奖励机制鼓励用户参与，这些都有利于素养教育的良性循环。

第二，保障健康信息素养教育空间和设备。为了健康信息素养教育活动的良好发展，应该做好场地有序开放和设备维护。图书馆应提供教室、会议室等场所，用来开办健康课程、讨论会、阅读交流会等，可以配备纸笔、录像设备等，做好记录工作；为了用户便捷地使用电子健康资源，馆内建设多媒体阅览室，对阅览室的硬件做好维护并及时升级软件，购入计算机等配套设施，在阅览室安排馆员答疑解惑；置备电子阅读器、放大镜、大字书等便民工具，应对老年人和视障人群查找健康信息时的特殊需要；轮流安排场地，在寒暑假、周末等服务活动旺季，安排热度高、期待值高的上机实践活动，针对老年读者的活动，可适当调整在工作日，避免设备不足的情况。

第三，整合馆内外健康信息资源。图书馆拥有大量的纸质和电子馆藏资源，图书馆要做好资源整合任务，将众多馆藏中的精品整合，纸质书籍方面，可以放置健康图书馆推荐书架，如杭州图书馆整合了所有健康类期刊，将书架放在显眼的位置，并细化分类。电子资源中有很多"专"的文章，图书馆馆员应做好筛选，向不同需求的用户推荐合适的数据库。最后，加强信息资源购买力度，建设自身特色健康信息资源库，将日常、权威、通俗易懂的信息提供给用户。

（4）加强健康信息素养教育教师团队建设。

第一，整合人才资源，设立专人专岗。图书馆应积极进行部门规划，设立健康馆员岗位，负责对馆内健康信息教育资源的整合。设立该健康信息服务岗位有三点好处：①体现了图书馆对健康信息服务的重视，当用户遇见相关问题有了指路标，找不到资源时知道去哪里寻求帮助，提高了信息搜寻自我效能和效率；②通过一对一专业沟通，针对性解决疑问，使信息素养培养效果更好；③专岗馆员擅长健康信息领域资源的获取、组织，在获取实时信息、探索合作对象、帮助用户获取健康信息时可以更好地担任这一职责。

第二，完善知识结构，加强员工培训。当前很少国内图书馆设立了健康馆员岗位，在此背景下图书馆要提高对健康信息服务重视，加强对相关参与者的素质培训，对此，可以制订馆员培养计划，提供职业发展前景，有步骤地培养健康信息人才。此前不少图书馆都对馆员进行了健康培训，如合肥市图书馆为馆员提供了"健康巡讲"，浙江省图书馆进行了"常见外伤与心肺复苏培训"。员工的职业道德在健康信息服务中也非常重要，是用户安心进行互动的前提，因此图书馆也应采取多种馆员职业道德素质的培养。

（5）探索多方机构的协同合作。

第一，卫生医疗机构、卫生医疗管理机构的合作。图书馆开展的健康信息教育活动离不开与卫生专业人士合作，最常见的形式是开展健康主题讲座，由责任馆员把握选题方向，请临床专家、专科医生为用户做知识讲解。图书馆可以积极探索与基层医疗机构合作形式，向村卫生室、乡镇卫生院、联合社区医院等基层医疗机构提供健康书籍、视频文件、宣传手册，向居民开放馆内资源。

卫生医疗管理机构作为国民健康的宏观监控机构，其日常重点工作之一便是负责国民健康信息素养教育，图书馆可以与医疗管理机构沟通，寻求合作，共同规划教育方案，以图书馆为教育平台，图书馆可以提供教育场地、资源、用户，医疗管理机构可以提供号召力和说服力。

第二，健康网站导航及应用推荐。自国家大力提倡健康中国计划以来，市场上的健康类网站和应用如雨后春笋般增加。图书馆也应该选取把控严格、来源明确、管理规范的健康信息网站，全面整合后作为资源导航服务放在网站上，或者通过互动平台向订阅用户推送。

第三，网络社交宣传平台的合作。各级图书馆应该积极在各个社交平台创建官方账号，构建稳定用户群体，利用社交平台更新活动预告，加强用户互动的质量与频率，更可与社交平台合作利用大数据推送将健康信息服务广而告之，扩大宣传辐射范围。

第四，医学高校和医院图书馆的合作。医学高校图书馆和医院图书馆具有先天的健康教育优势，具体反映在馆藏资源丰富，对健康信息筛选更加严格，主题覆盖更加广泛。图书馆可借助医学高校的师资力量、资源储备、教学方案，医学高校借图书馆平台辐射范围广，社会性强，实现与用户双向沟通，缓解医患紧张。达成馆际合作后，医学高校和医院的图书馆可提供：①健康信息数据库。由医学高校图书馆开发健康信息数据库，图书馆以购买或借用的形式引入公共平台，投入用户中试用。②专业人士培训。医学情报人员拥有大量健康信息培训经验，可对图书馆馆员和用户分别开发指导培训方案。③临床问题咨询解答。在图书馆各类健康讲座中，医学专业的讲师最受用户欢迎，图书馆与医学高校和医院图书馆达成长期合租，可以形成良好的教育循环，获得长期稳定师资力量。

（6）完善教育评价及反馈机制。

第一，基于用户感受的活动体验。效果评价是教育的重要一环，在开展教育的同时应该及时收集用户意见，用户的主观感受会影响对活动的参与度，图书馆可采用问卷调查、访谈、座谈等形式，了解用户在参与活动中遇到的困难和细节的需求，探索更多活动的可能性。具体可采用打分反馈机制，由用户感受的主观因素和到场人数、提问数等客观因素组成，各部分占不同的权重，用户在参加活动后进行打分，馆员根据分数反馈调整课程内容。

第二，基于评测表格的教育效果评估。用户主观的感受来自教育体验过程，图书馆需要在教育过程中引用各类健康信息素养衡量表格，最好是定制适用于图书馆的健康信息素养测评规范，作为反映用户接受一段时间培训后健康信息素养变化的工具，具体可以细化为针对不同素养部分的测评表格。

第三，基于馆员意见的教育方案调整。图书馆馆员既是健康信息活动的具体执行者，也是馆内培训的受教者，起着承上启下的作用，馆员可以同时以两种角色参与健康信息素养教育活动，提出综合视角的看法。一方面，馆员会收到来自用户的信息咨询，在帮助用户搜寻的时候，对用户的需求体会更确切，可以总结用户关注的重点、热点；另一方面，在接受馆内培训的时候，可以作为具有高级信息素养人群，提出较高难度的精品培训课程意见。因此在图书馆健康信息素养教育活动设计中，考虑到活动的实践性和反馈，应该充分采纳馆员意见，及时对方案进行调整改良。

第四节　读者服务工作的发展趋势

图书馆读者服务工作就是按照人们的阅读需求，通过图书馆本身所具有的资源为人们提供阅读文献的工作，也是图书馆整体运行中的重点工作内容。这项工作直接决定了图书馆服务工作质量，由于图书馆文献主要是服务读者，因此需要图书馆能够展现自身的完整性以及高效性。除了文献服务之外，也需要图书馆中的工作人员做好基本的服务工作，如书籍分类和借换等工作，这些服务工作的高质量完成对图书馆是非常重要的。从服务质量的角度来看，读者服务工作中图书馆工作人员的服务态度及水平会对人们的资料应用和获取产生重要影响，网络时代图书馆读者服务工作通过建立完善的体系，给人们的资料信息获取及应用带来更好的便利条件。

图书馆读者服务工作的发展趋势如下：

一、资源共享

在网络时代，因为对资源进行了共享，打破了传统图书馆的服务模式以及信息获取方式中所存在的限制，人们只须要通过电脑或者智能手机连接网络就能够随时进行网络检索，而无须受到空间或者时间上的限制，及时获取自身所需要的信息。图书馆能够利用互联网获得更多的资料信息，同时也可以将自身所具有的资料信息通过网络分享给其他人，从而实现资源上的共享。可见在网络时代，图书馆读者服务工作的发展趋势就是进行资源共享。

二、社会化服务

在网络时代，图书馆变成了整个信息网络中的一个十分重要的节点，而并非仅仅局限于给持证读者带来阅读服务，人们只要在家里就能够通过计算机网络获得图书馆中的文献资料信息。可见在网络时代，图书馆服务的目标已经不仅仅限于图书馆中的读者，而是向着社会读者的方向进行转变，读者的数量成倍增长且分布的范围十分广泛，具有多层次的特征。与传统图书馆相比较，网络时代的图书馆要具备更多功能，并承担更多的社会责任，在服务对象社会化的同时，实现了虚拟和现实读者并存的状态，这也充分体现出了图书馆面向社会化发展的重要趋势。

不同的读者有着不同的受教育程度，同时读者的专业和职业也各不相同，那么读者所具备的知识储备和特征直接决定了其对于信息层次的需求，为了满足读者的这种特点，需要图书馆能够给人们带来更加多样化的服务。

三、现代化服务

在网络时代，图书馆中所包含的信息资源打破了过去的馆藏局限性，能够实现整个网络的扩展，为人们提供的信息资源服务变得更加丰富。同时，随着网络技术的应用，使图书馆所具备的检索服务能力变得更强，不再需要使用传统的书本或者卡片类型的检索工具，应用起来变得更加方便、快捷。

图书馆所运用的信息资源载体是更多地储存于网络中，电子出版物逐渐成为图书馆主要的馆藏内容，通过多媒体技术的运用使信息资料的呈现方式变得更加直观，实现了地域和时间限制的突破。人们可以直接通过网络来进行咨询，也可以通过网络来对图书的借阅或者续借进行预约。

此外，以数据交换为基础的文献采访和以数据库为基础的编目共享以及以联机查询系统检索服务和通信数据为基础的服务模式都逐渐成了现实，这些服务方式取代了传统的人工操作模式，让图书馆本身的信息服务变得更加高效和便捷。

四、全天候一体化服务

在网络时代，图书馆应该向着全天候服务的方向发展，通过网络技术的应用能够将这种服务模式变成现实。并且图书馆在网络时代所追求的服务模式，就是实现信息一体化服务，这也是图书馆最为理想的一种服务模式，该模式充分体现了以服务对象为核心的基本理念，让人们能够更加方便地应用图书馆资源，增强读者的满意程度，提升资源的整体利用率。

五、市场化服务

因为时代发展，信息的获取途径出现了很大改变，在网络时代图书馆将逐渐突破单一的公益服务限制，进一步提升自身的市场观念，向着以公益服务为主体的市场化方向发展。由传统的单一服务模式变为服务经营模式，以无偿借阅流通服务为基础，对各项服务职能和要素进行包装，从而提升整体质量，更好地占领市场，使之成为读者和信息资料的中介，可以按照具体的服务产品来收取相应的费用，提供一定的有偿服务。

六、专业化服务

网络时代，作为图书馆工作人员应该兼具文献学和图书馆学等相关学科知识，并掌握有关互联网和计算机的基本技术，并通晓几门外语。另外，还应该具备一定的信息研究和创新能力，同时也要拥有一定的学术科研和公关交际能力。因为信息产品技术性的增强，且网络媒体逐渐向着多样化方向发展，使网络资源逐渐变得更加复杂和庞大，信息生产变得广泛，就需要图书馆工作人员在其中扮演领航员角色，通过加工和收集网络上的信息使这些信息变得更加有序，读者也可以在其中完成自助式服务。

# 图书馆信息化服务与建设

第一节　图书馆信息化概述

一、信息的特点、功能与类型

从古至今，人类在认识世界、改造世界的漫长岁月中，无时无刻、无处不在地接触信息。现在，信息作为一种资源开发和管理进入了高潮，对信息资源利用程度的高低已成为衡量一个国家、一个民族兴衰成败的关键因素之一。

（一）信息的特点

第一，普遍性。信息的普遍性是指信息无处不在、无时不在。信息普遍存在于自然界、人类社会中，也存在于人类的思维或精神领域中。无论是自然界的鸟语花香、地震风雨、海啸雷鸣，还是人类社会活动中的语言文字、机械、建筑等无一不是信息的表现形式。

第二，事实性。信息的事实性是指信息的内容必须真实可靠。事实是信息的中心价值，这就要求信息中的主客体因素都应该符合客观实际，不能对其进行加工、修饰、夸大和缩小。

第三，时效性。客观事物本身在不停地运转变化，信息是事物运动的状态和方式，信息也在不断发展更新。因此，信息的存在有着一定的时效性，在获取与利用信息时必须树立时效观念。

第四，共享性。信息没有排他性，它可以共享。信息的这种特性，使我们可以通过教育和自学获得比实践更丰富甚至更深刻的知识、技能和情感。

第五，传递性。信息的传递是指信息可以通过多种渠道、多种方式进行空间和时间上

的移动过程，该过程主要依靠光、电、声、磁、语言、表情以及文字等表现出来。

第六，相对性。客观上信息是无限的，但相对于认知主体来说，人们实际获得的信息总是有限的。

第七，价值性。信息的价值是指信息可对社会经济活动产生有价值性的影响。如把信息作为一种资源，进行有价转让或出售等，因而它表现了其价值特征。

第八，存储性。信息的存储性是指信息可以存储起来，以便传递和利用。它既可储存在人的大脑中，也可储存在计算机上等。如我国古人将信息储存在铜鼎、绢帛、竹简、纸张上，现代人则可将信息方便地存储在胶片、磁带、光盘上等。

第九，加工性。信息可以被加工处理后由一种状态或形式转换成另一种状态或形式，这就是信息的加工性。信息资源取之不尽、用之不竭，其加工、利用没有止境；而且投资小、见效快，对经济和社会的发展有着不可估量的作用。在当今社会，谁抢占了知识信息高地就意味着谁就掌握了主动权、制胜权。图书馆的信息开发与利用就是为了适应时代智力开发的需求。

（二）信息的主要功能

信息主要有以下五种功能：

第一，信息是认识事物的媒介。人们每天都要通过视听等感觉器官获取各种信息，以了解情况增长才干，更有效地安排活动和实施某些目标。作为认识主体的人，认识过程是接受和处理信息的进程，通过事物发出的信息观察事物的各种现象，进而综合、分析、探索、研究、了解事物的属性和本质，所以，信息是人类认识事物的媒介。

第二，信息是人类社会的黏合剂。在某种意义上可以说，是信息把分散的人群联结为一体。当信息交流量大而快时，社会联系就密切；交流受阻，交流量小而缓慢时，社会联系就松散。

第三，信息是交流工具。人类交流思想、交流知识是通过交流信息来实现。交流信息使用语言、文字、图像等不同形式的符号，通过印刷品、磁带、胶片等载体及各种电信设备把信息传给接受者。

第四，信息是控制的灵魂。控制是依据信息来干预和调节被控对象的运动状态和状态变化，使被控对象达到预定目标。控制与信息密切相关，控制是信息活动的目的，而信息则是实现高质量控制的灵魂。没有信息，任何被控对象都无法控制。

第五，信息是决策的基础。决策是指个人或组织为达成既定目标，从若干个可供选择的行动方案中挑选出最优方案并付诸实施的过程。信息活动贯穿于科学决策的全过程，并渗透到决策过程的每一个环节。决策者只有在充分掌握信息的基础上，根据客观形势和自己的实际条件，权衡利弊，才能正确确定目标和实施方略。因此，要求决策人员要有强烈的信息意识和综合分析处理信息的能力，以确保决策的正确性。

（三）信息的类型

信息可以从不同的角度进行划分，下面根据信息记录划分如下类型：

第一，自然信息。自然信息是指自然界中的各种信息以及人类生存的物质所产生的信息，包括生命信息和非生命物质存在与运动信息、生命物质与非生命物质之间的作用信息等。如动物的肢体语言、天气变化、地壳运动等。

第二，社会信息。它是指让人类各种活动所产生、传递与利用的信息，包括一切人类运动变化状态的描述。

第三，经济信息。经济信息是指经济活动中形成的信息，随经济活动产生和发展。如股市信息、市场供给信息、产品生产信息等。

第四，文教信息。文教信息指教育、体育、文学、艺术、出版发行等有关信息。

第五，科技信息。科技信息是指与科学、技术等有关的信息。

第六，管理信息。管理信息是指与各种行业各个层次管理、决策活动需要的信息。如人事、调度、工资等。

二、信息技术的内容

信息技术是指有关信息的收集、识别、提取、变换、存储、传递、处理、检索、检测、分析和利用等的技术。凡涉及这些过程和技术的工作部门都可称作信息部门。信息技术能够延长或扩展人的信息功能，它可能是机械的，也可能是激光的；它可能是电子的，也可能是生物的。

具体来讲，信息技术主要包括以下四个方面技术：

第一，感测与识别技术。它的作用是扩展人获取信息的感觉器官功能。它包括信息识别、信息提取、信息检测等技术。这类技术的总称是"传感技术"。它几乎可以扩展人类所有感觉器官的传感功能。传感技术、测量技术与通信技术相结合而产生的遥感技术，更使人感知信息的能力得到进一步的加强。信息识别包括文字识别、语音识别和图形识别等。通常是采用一种叫作"模式识别"的方法。

第二，信息传递技术。它的主要功能是实现信息快速、可靠、安全地转移。各种通信技术都属于这个范畴。广播技术也是一种传递信息的技术。由于存储、记录可以看成是从"现在"向"未来"或从"过去"向"现在"传递信息的一种活动，因而也可将它看作是信息传递技术的一种。

第三，信息处理与再生技术。信息处理包括对信息的编码、压缩、加密等。在对信息进行处理的基础上，还可形成一些新的更深层次的决策信息，这称为信息的"再生"。信息的处理与再生都有赖于现代电子计算机的超凡功能。

第四，信息施用技术。它是信息过程的最后环节，它包括控制技术、显示技术等。

总之，传感技术、通信技术、计算机技术和控制技术是信息技术的四大基本技术，其中现代计算机技术和通信技术是信息技术的两大支柱。

三、信息化的内涵

"在科学技术高速发展的背景下，计算机及互联网技术被广泛应用于人们的工作与生活中，社会发展也逐渐向信息化时代迈进。"[①] 信息化是指社会经济的发展，从以物质与能源为经济结构的重心，向以信息为经济结构的重心转变的过程。信息化代表了一种信息技术被高度应用，信息资源被高度共享，从而使得人的智能潜力以及社会物质资源潜力被充分发挥，个人行为、组织决策和社会运行趋于合理化的理想状态。

信息化是在经济、科技和社会各个领域，广泛应用现代信息技术，有效开发利用信息资源，建设先进的信息基础设施，发展信息技术和产业，不断提高综合实力和竞争力，加速现代化进程，使信息产业在国民经济中的比重逐步上升的过程。其完整的内涵有：

第一，信息网络体系。它是大量信息资源、各种专用信息系统及其公用通信网络和信息平台的总称。

第二，信息产业基础。即信息科学技术的研究、开发、信息装备的制造，软件开发与利用，各类信息系统的集成及信息服务。

第三，社会支持环境。即现代工农业生产，以及管理体制、政策法律、规章制度、文化教育、道德观念等生产关系和上层建筑。

第四，效用积累过程。即劳动者素质、国家的现代化水平和人们生活质量不断得到提高，精神文明和物质文明不断获得进步。

---

① 师伟. 图书馆管理的信息化应用研究 [J]. 信息记录材料，2021，22（10）：132-133.

四、图书馆信息化的特征

图书馆信息化是社会信息化的要求。社会信息化的信息资源，相当重要的部分来自图书馆。因此，图书馆信息化是社会信息化的组成部分，图书馆信息化是传统图书馆走向现代图书馆的一个过程。

随着信息技术的快速发展和社会信息化进程的加快，图书馆的信息化应当在信息技术的应用、信息资源的建设、信息资源的开发和服务等方面拥有自己的地位和作用。图书馆信息化的基本要求可以从信息基础结构建设、信息资源建设、信息服务系统建设三个方面来探讨。图书馆信息化的重点应该是信息资源的开发利用和信息技术在图书馆的应用。社会信息系统的建设都必须具有基础结构、资源和服务系统。图书馆信息化应当是在社会信息化的信息基础设施上，实现自我的信息化建设。图书馆信息化具有如下特征：

第一，业务操作和管理自动化。利用计算机技术自动地完成图书馆的各项工作。图书馆工作一般可分为：①藏书的拟定和获取；②编目、分类和具体准备；③检索和参阅；④流通，即馆内资料的库存和借出；⑤馆际的借入借出。图书馆自动化是利用计算机自动地完成上述工作。

图书馆自动化主要包括软件、硬件和人员三个要素，其中软件是自动化的关键因素。对软件的选择直接关系到自动化系统的预期设计目标能否实现。只有依靠软件的支持，才能充分发挥计算机的优越性，并提高工作效率和质量。

第二，信息资源存储数字化。包括馆藏资源的数字化转化及网上数字资源的收藏。条目（如图书、期刊、地图、影片或手稿等）的技术处理是图书馆最重要的工作，花费也最大。条目的技术处理是指获得条目、编入目录、准备上架、准备书卡、打印书背记号等手续。这些手续中所涉及的重要工作是数据处理。数据处理的主要困难是数据（如作者姓名、著作标题等）的长度不同，为了取固定长度而舍去数据的某些位又可能难以唯一地识别条目。数据之间有着复杂的关系，因此数据处理和储存要求采用先进的关系数据库管理系统。图书馆的许多功能取决于根据文献目录、具体归属和课题内容描述条目的数据。

第三，信息资源高度共享。网络化是信息化的重要标志。图书馆网络化包括信息资源网络化、信息传输网络化和信息检索网络化。通过网络，"任何人都可以与任何国家、任何地方的人直接沟通，能够在全球范围内实现知识共享"。

信息资源共享是指图书馆在自愿、平等、互惠的基础上，通过建立图书馆与图书馆之间和图书馆与其他机构之间的各种合作、协作、相互协调关系，利用各种技术、方法和途径，开展共同提示、共同建设和共同利用信息资源，以最大限度地满足用户信息资源需求的全部活动，现在已经泛指到生活中的各个领域的文字、数字、文化资源类目的分享和共用。

第二节 图书馆信息化的服务

社会信息化和信息社会化潮流的合力推动，使得现代人们的生活领域正在发生革命性变革，作为以"知识宝库"自诩的图书馆，更将以信息化服务作为图书馆建设当中的重中之重来开展探讨的问题。

科学技术的进步和社会经济的发展速度愈来愈取决于对信息资源的开发利用程度，因而知识信息的生产、加工处理、传递服务日益走向社会化，并逐步发展成为现代社会中的主导行业，成为促进社会经济增长的重要主动力，成为维持人类文明和社会进步的一个基本要素，图书馆具有丰富的信息资源，其传统图书馆的服务方式已难以适应现代社会的飞速发展，不能满足现代人们对信息的需求。图书馆必须转变职能，走信息化服务的道路，才能跟上时代的步伐。

一、信息化服务的前提与基础

（一）信息化服务的前提

图书馆作为人类文明的重要组成部分，时至当代，由于科学技术的突飞猛进和现代世界市场经济的激烈竞争，人们的思维方式和社会生活节奏都在发生重大变化。图书馆必须转变职能，迎接挑战，求得生存发展的空间。而要实现这个重大的战略转移，首先，必须更新观念，因为观念理论是变革行动的先导，有了新观念，才会有新态势和新动作。对于图书馆来说，转变职能要有以下的新观念，现概述如下：

1. "用户至上"的观念传统

图书馆的服务观念是"为人找书，为书找人"，认为这样做就是对社会尽职尽责。信息发生源的广袤性、多途性、分散性和无序性，迫使图书馆要在服务观念和服务方式上做出重大转变，树立"用户至上"的服务观念，将"为人找书"变成"为人找信息"，变参考咨询为信息咨询，使图书馆直接与社会挂钩，向咨询服务主动化的方向发展。

2. 以用为主的观念

图书馆的服务职能由藏到用反映了社会的进步。在信息化时代，由于电子出版物等各种文献载体形式的出现，其收藏费用日益昂贵，同时也无必要每个图书馆的收藏都自成体系，完全可以通过现代技术媒体和通信网络来加速情报信息的传递利用，作为图书馆，在思想观念上，应从"藏用结合"转到"以用为主"的轨道上来，千方百计提高信息的利用率，最大限度地满足用户的信息需求，紧跟时代前进的步伐。

3. 文献深加工观念

信息化时代的情报信息，对社会起着金钱、资源和决定性的作用。故文献资源的利用重点也必须从以图书为主体转移到以资料、杂志、检索工具乃至数据库为主体，加工时就不能只满足书名而要深入篇名甚至数据来揭示报道文献信息的内容。因为人们对于信息的需求要比图书更深入一个层次。这样，通过信息的深度加工和重新组合，可以产生更多的综合性的新知识，信息就自然成为经济建设的先行，作为科研的第一线工作而存在，对社会服务起着"有求必应，跟踪服务"的参谋顾问作用。由此可以看出，文献加工的深浅度，决定了图书馆社会职能作用的大小。文献的深度加工是图书馆开展信息化服务的前提和基础。

4. 标准化观念

图书馆是历史的产物，特别是当信息资源共享扩展到国际范围之时，标准化管理便自然而然地提到议事日程上来了。因为标准化是一切现代化的基础，它突破了时间、地域、语言、文种的限制，为当代人类科学技术的交流和当今世界市场经济的发展铺平了道路。因此，标准化也是图书馆信息化服务的前提。如今大至国家小至图书馆，要想早日实现社会信息化和信息社会化，关键的第一步就是标准化。标准化的顺利发展，将促使信息资源共享朝着纵深和宽广的方向发展。

5. 信息专家化观念

当今，在社会信息化的潮流中，由于科学技术向纵深发展，科学研究和技术开发的难度越来越大，人们对信息需求的要求也越来越高，这就要求图书馆界要破除陈旧腐儒的观念，树立自爱、自尊、自立、自强的竞争意识，加快知识更新，优化成才环境，拓宽成才道路，严格成才标准，为大批信息专家的成长创造条件。事实证明，图书馆工作只有从知识大门之外进入学科领域之内，由看门人变为信息咨询专家，图书馆的服务质量才会登上一个新的台阶，开展信息化服务才有较广的社会响应度。

6. 现代化管理观念

随着科学技术的进步和市场经济的发展，情报信息海量化是必然的发展趋势，而作为信息贮存密集化的图书馆，必须引进电子计算机、光盘和现代通信网络等实现分类编目、管理和检索利用的自动化、高速化和缩微化。只有用现代化的设备进行管理，才能改变图书馆的被动落后状态，从而增强对于社会的吸引力。

7. 多功能综合服务观念

信息时代，图书馆再也不能单纯以书刊文献的管理利用作为其唯一的社会职能。由于电子技术的飞速发展，特别是多媒体技术已经融情报信息的视、听、写、记功能为一体，朝着多载体、多功能、高效用和密集化的方向发展。因此，图书馆必须树立多功能综合服务的新观念，才能适应信息社会的要求。

8. 竞争观念

在市场经济时代，只有竞争才能激发出社会细胞的活力，图书馆也不例外，其生存发展，同样需要竞争。有了竞争观才能在时代的大潮中不断地发展壮大。

（二）信息化服务的基础

信息化服务的理论指导是权变理论的运用，也就是说这种服务不能固守一个领域、一个内容、一种方式或一种模式，它要随着社会的发展变化而变化。因此，图书馆的信息化服务是一项难度很大的社会化服务活动。因为社会对信息的需求和信息对社会的作用日益多样化和复杂化，使图书馆信息化服务出现了许多新动向：

第一，从需要成熟的单本著作变化到需要新观点、新学说、新原理、新数据、新图表的科学论文，而且时效性越强越好。

第二，从需要整本文献变化到需要文献中的某一篇、某一章、某一句甚至某一个数据、符号，而且信息的针对性越强越好。

第三，从宏观世界范围新颖信息的收集提供变化到需要发现发明最快和实力最强的某个国家、某个科研机构、某个企业集团的某项成果等微观的原始资料和图表数据，而且越具体越好。

第四，从需要单科的学术信息发展到包括各方面整体性、系统性很强的综合信息。

第五，从需要微观世界的一个区域、一个单位的专门信息发展到需要多个地域甚至有关全世界的综合信息资源。

第六，从需要库存文献所记载的信息发展到需要开发加工等经过激活以后的针对适用的"活信息"。

第七，人们的信息活动从以往科研人员对思考、定题、收集资料、实验、写作等每道环节都事必躬亲发展到向有关信息中心查询事实、数据等动态性信息，对图书馆、情报信息部门的依赖程度越来越高。

第八，人们对信息质量的衡量标准为快、新、广、全、真、准，即提供时间最快，情报耽搁最小；信息内容新颖先进，使用价值极大；信息来源广泛，涵盖面广；信息全面，少有遗漏，特别是关键性的信息要求完整充足；信息内容真实，信息立论科学；数据、事实准确无误。

第九，人们对信息利用的载体已经从纸质印刷品发展到缩微型、视听型、计算机阅读型和多媒体传导系统，这些现代技术在图书馆的应用，极大地开拓了信息化服务的新领域，增添了信息化服务的新内容，提高了图书馆的服务质量与服务效能。

第十，信息检索的方式由手工向联机网络方向发展，增大了信息化服务的时空跨度，既克服了图书馆的时空障碍，又缩短了延时通信的时间距离，提高了文献的再现率和新准度。

第十一，公用数据库和联机传输网络的建立与运行，从宏观上极大地补充了图书馆的库存容量，有效地解决了图书馆难以解决的"拒借率"问题，提高了图书馆信息化服务的社会声誉，有利于现代图书馆形象的塑造。

总之，都是以往图书馆的传统服务无法做到或很难做到的。它们是信息时代图书馆服务的新领域和新内容，是图书馆开展信息化服务的基础。各个图书馆在开展信息化服务的过程中，应该正确运用权变理论，根据各馆的实际，有针对性地开发，而不要贪大求全，任意拔高和攀比，去办那些力所不能及的事情。转观念，拓领域，添内容，打基础，求特色，善创新，多务实，少空谈，积极稳妥地实现图书馆服务重点和服务方式的战略转移，这是图书馆信息化服务应遵循的原则。

二、图书馆信息化服务模式与规划

信息化服务是采用现代信息技术（微电子技术、计算机技术、通信技术、多媒体技术），充分、有效地开发和利用各种信息资源，通过各种媒体（声音、数据、图像或影像）享用和相互传递信息的服务模式。这种服务模式是图书资料信息化管理发展的必然进程，推广信息化服务有助于提高图书馆的工作效率和信息流通的速率。

（一）图书馆信息化服务模式的执行措施

1. 全面提升基础设备水平

图书馆信息化水平的推广需要以先进的计算机和多媒体等硬件设备为基础。为解决图书馆的计算机和多媒体硬件普遍落后的问题，图书馆要建立专项资金，针对信息化服务的需求配置相匹配的硬件设备；建立完善的设备日常使用和维护制度，保证设备在正常使用的同时能得到良好的保养和维护；设立专人对设备进行管理，对设备的日常使用进行监督和检查，减少故障率，实现设备利用率最大化。

2. 拓宽图书馆的服务领域

现代信息技术的发展要求图书馆服务一定要寻求新的发展空间、拓展新的服务项目。如图书馆的查询、外借预约、馆际互借、催还业务、新书报道、图书报道等服务都可以通过多媒体功能来实现。

深化开展多媒体信息服务。丰富的多媒体信息资源和先进的通信技术为图书馆信息化服务模式的推广提供了技术支撑。如可以利用多媒体信息资源在图书馆网页上用超级链接方式建立信息导航系统，帮助读者在其指引下到特定的网址快速检索自己所需的信息，形成特色的"虚拟馆藏"。

运用现代技术代替传统图书馆工作。书刊的采集、整理和编排等图书馆传统工作，都可以用现代化的数据库的建设和多媒体资源服务等进行替代，这样不但大大提高了工作效率和工作节奏，而且管理更加方便和快捷。

3. 开展图书馆的个性化服务

图书馆不仅要保留以前的个性化服务，还要深化其个性化服务。由过去的"以文献资源为中心"转化为"以读者为中心"，根据读者的不同信息需求，提供更多的个性化信息服务途径。深化图书馆个性化服务主要从多媒体服务着手，利用多媒体通信技术进行信息搜索服务、检索帮助服务和数据挖掘服务等。如开展电子邮件、电话、多媒体传真等服务。

总之，利用现代信息技术和高科技在图书馆开展信息服务是时代的要求，也是信息社会发展的必然结果。信息技术、多媒体通信技术的发展，给图书馆的发展带来了新的机遇，也提出了严峻挑战。在当前科技、信息、通信高度发展的社会，图书馆要立于不败之地，必须在意识和理念上进行转变，坚持"科技兴教"的理念，深化图书服务的内容、提高服务的质量、更新服务意识。

4. 建立图书馆人才的培养机制

图书馆开展的服务工作主要对象就是读者，而读者具有多样性的特征。信息化服务能否达到预期目的的关键因素在于执行服务的图书馆人员是否具有专业的服务水平。专业的服务水平包括职业化的服务礼仪和专业化的计算机、多媒体等技术。这就要求图书馆必须建立良好的复合人才和专业人才的培养机制。

（1）建立在职馆员的培训机制。①对馆员进行一次全方位的专题调查研究，全面掌握馆员的基本素质。②制订切实可行的培训计划，根据不同对象和级别制订不同的培训计划。根据计划确定培训讲师，形式可以是外聘也可以让内部的优秀人才担当。③依据相关手册制定出可行的教案。④对培训效果进行评估和跟踪，跟踪受训者培训前与培训后的改进情况。

（2）建立高层人才储备机制。只有具备"知识导航"能力的高素质图书馆馆员，才可能去"揭示"各种科学知识，才能够更好地为读者服务。尤其是推广信息化服务，更加依赖于对计算机及多媒体技术的开发和运用。图书馆可以针对高层人才从薪资待遇、发展空间、实现个人价值等方面全面设计，建立专门的制度，为人才的引进提供保障。同时，建立在职馆员再教育机制，对可塑性强、有专业基础的馆员进行再教育，针对信息化服务的需求外派他们到大学和专业机构进行深造。通过"引进来"和"派出去"两种方式的结合，为信息化服务的推广提供至关重要的人才保障。

5. 保障安全，总结经验确保良好运行

图书馆信息化服务是基于信息化的技术与设备来实现的，定期的维护与特殊情况的预案处理演习与办法是必不可少。因此，在图书馆信息化服务模式的执行措施中，如何应对灾后的图书馆的恢复与正常运行、服务资源内容的变更、馆员的心理疏导、资料信息的及时传递等问题，都需要图书馆在信息化服务发展的同时，进行不断优化的。

（1）恢复图书馆的正常运行，要做很多准备工作。工作人员和读者的心理疗伤和精神抚慰。一场灾难，会给亲历者带来不同程度的心理创伤，需要心理理疗师进行群体理疗和抚慰。

（2）服务资源内容的变更说明。火灾中损失的，除了文献，还有设备，缺失的文献资源和设备资源都要进行公告，以免浪费读者的时间，同时要及时对遭到破坏的资源进行修复或补充。

（3）全体馆员要以经历过的灾难为深刻教训，同时也可以看成是管理工作和服务工作的新生，要更进一步加强图书馆的安全管理工作，规范水、电、消防等特殊工作岗位的操作规程，定期排查安全隐患，发现隐患及时整改，绝不可麻痹大意，要加强安全管理工作人员的责任意识，强化领导责任制和安全岗位责任制，认真做好日常检查和维护，做好安全日志，定期召开安全工作会议，讨论安全管理工作的问题和解决办法，要做好安全管理人员的专业技能培训和实战演练，定期检查烟感器、灭火器、消防栓、报警器等消防设施，发现问题，及时整修；要增强师生的消防知识，增强他们的灭火和逃生自救的技能；等。微电子技术客观、真实、系统地进行形式转换，形成电子信息资料并进行储存的过程。图书资料信息库的建立对图书资料管理员的计算机操作水平要求比较高，信息的录入效果和进展速度直接影响着信息化服务的进程，也影响着开展信息化服务的方式和服务的质量。因此，图书资料信息库的建立问题是在图书馆推行信息化服务模式的前提和基础，也是在图书馆推行信息化服务的难点之一。

（4）图书资料信息的及时传递问题。及时性是信息化的主要特点之一。同样，图书馆的信息化推广也面临着这样的问题。图书馆资料信息一般都带有最新的学术观点，它象征着学术的最新动态，所以，信息发布的及时程度决定着信息价值的大小。把图书资料信息及时、系统地在互联网上进行发布和更新，让需求者在第一时间获取信息是推广信息化的主要任务。信息发布的及时性和系统性直接影响着信息化服务的效果。信息发布的及时性由图书馆的计算机、互联网等硬件条件和图书馆的信息化管理水平、人员技术等软件条件两个因素决定。而当今图书馆的这两个指标都很落后。所以，图书馆资料信息的及时传递也是当前在图书馆推广信息化服务面临的主要问题之一。

（5）信息化服务功能的多元化问题。需求者对图书信息的需求具有多元化的特征，对信息的索取方式和索取目标各不相同，这是图书馆信息化服务的基本特点。针对这种特点，图书资料的信息化服务要具备各种各样的功能，通过服务功能的多元化来满足需求者需求的多元化。当前，图书馆计算机和多媒体技术人才的短缺阻碍了其信息化服务功能的多元化，是在图书馆推广信息化服务面临的主要问题之一。

（二）图书馆信息化服务规划的原则与措施

1. 图书馆信息化服务规划的原则

（1）整体性原则。信息化规划应纳入图书馆信息化建设战略中，要与图书馆未来的业务发展和管理发展充分结合，成为有机的整体。这样，才能够真正指导图书馆信息化建设，保证图书馆信息化的整体发展方向。

（2）可扩展性原则。当今世界，科技日新月异，信息化规划应注意可扩展性，能适应新技术的快速发展，适应图书馆管理模式与业务模式的不断变化。信息环境的这些变化导致图书馆已有的信息化规划不适应新的情况，束缚了图书馆信息化发展。图书馆应根据新的情况不断调整信息化规划。

（3）适应性原则。信息化规划应适合图书馆的规模发展。不同规模的图书馆在信息化规划时有不同的要求。在规划时一定要从图书馆信息化建设的实际出发，结合本馆的信息化建设现状，了解国内外图书馆信息化的发展趋势，制订出适合本馆特色信息化建设的信息化规划。

2. 图书馆信息化规划服务的对策

（1）形势分析。①明确图书馆的发展目标、发展战略和发展需求，以及部门的各项业务工作。②研究整个行业的发展趋势和信息技术产品的发展趋势。不仅分析行业的发展现状、特点、动力、方向，以及信息技术在行业发展中所起的作用，还应掌握信息技术本身的发展现状、特点、方向。应从了解同类型馆对信息技术的应用情况，包括具体技术、实现功能、应用范围、实施手段，以及成果和教训等入手。掌握图书馆目前的信息化程度和信息资源建设状况。信息化程度分析包括现有技术水平、功用、价值、组织、结构、需求和风险等。信息资源建设状况分析的内容包括基础设施，如网络系统、存储系统、业务处理系统，包括信息技术架构如数据架构、通信架构、运算架构；包括应用系统如各种应用程序；包括作业管理如方法、开发、实施和管理。

（2）制定战略。根据第一部分形势分析的结果，来制定和调整图书馆信息化的指导纲领，以适合的规模、适合的成本，去做适合的信息化工作。

第一，根据本馆的战略需求，明确信息化的远景和使命，定义信息化的发展方向和信息化在实现战略过程中应起的作用。

第二，起草信息化指导纲领。它代表着信息技术部门在管理和实施工作中要遵循的业务条例，是有效完成信息化使命的保证。

第三，制定信息化目标，它是图书馆在未来几年为了实现远景使命而要完成的各项任务。

（3）设计信息化总体架构。基于第一与第二部分而设计的信息化工作结构和模块，以层次化的结构涉及图书馆信息化的各个领域，每一层次由许多的功能模块组成，每一个功能模块又可分为更细的层次。

（4）拟定信息技术标准。这一部分涉及对具体信息技术产品、方法和流程的采用。它是对信息化总体架构的技术支持。通过选择应用广泛的、发展有前景的信息技术为标准，使图书馆信息化具有良好的可靠性、兼容性、扩展性、灵活性、协调性和一致性，从而提供安全、先进、有竞争力的信息服务，并且降低信息化的建设成本和时间。

（5）进行项目分派和管理。根据以上各部分，首先对每一层次上的各个功能模块以及相应的各项信息化任务进行优先级评定、统筹计划和项目提炼，明确每一项目的责任、要求、原则、标准、预算、范围、程度、时间的协调和配合，然后选择每一项目的实施部门或小组，最后确定对每一项目进行监控与管理的原则、过程和手段。

三、图书馆信息化服务的技术应用

（一）图书馆信息化服务中微信的应用

图书馆作为公共文化服务体系的重要组成部分，是向公众免费开放、收集、整理、保存文献信息，并提供查询、借阅及相关服务的场所。图书馆属于城市文化的一部分，不仅能提升城市文化品位，推动城市文化发展，而且也能提高市民的文化素养。随着信息技术的快速发展，图书馆须与时俱进，积极运用信息技术开展信息化服务，让读者获得更好的服务体验，提升图书馆的综合竞争力。

1. 微信的优点

微信的信息传递形式包括语音、短信、视频、图文等。微信能在短时间内覆盖那么多人群原因在于：

（1）即时性。将微信应用于图书馆信息化服务中，微信用户可通过扫描二维码或添加公众号就可以与"移动图书馆"建立联系。图书馆的新信息与新服务可通过微信进行全天候传播，图书馆用户通过微信可以体验到"移动图书馆"的便捷性与实时性，从而提升图书馆信息化服务水平。

（2）精准推送服务内容。图书馆工作人员通过微信公众平台可以对用户进行分类、分组，对不同类型、不同分组的用户精准推送相关信息，提升"移动图书馆"的信息传播效率，有助于"移动图书馆"的发展与推广。

（3）服务内容更加多元精彩。将微信用于图书馆信息化服务能大幅提高图书馆信息化水平，而且也能吸引更多用户的眼球，为图书馆的信息化服务建设奠定基础。

2. 图书馆微信服务的可行性

图书馆通过微信开辟信息推送以及读者服务的新渠道，这符合读者对海量图书信息的需求，而且也顺应了互联网时代的发展趋势。

对于用户来说，利用电脑、手机等终端就能快速查阅图书馆信息，方便快捷，而图书馆的宣传成本也能得到节约。尽管图书馆对微信的应用时间较短，尚未找到较为成熟的应用策略，但是很多行业早已成功应用了微信，值得图书馆借鉴参考。图书馆在信息化服务建设的过程中引入微信具有很好的可行性，可多参考学习其他行业应用微信的做法，完善自己的微信应用模式，提高图书馆的信息服务程度。

3. 图书馆信息化服务中应用微信的方法研究

（1）微信提供读者导航服务。图书馆信息化建设的第一要务就是建设好数据库。数据库属于图书馆资源，因此，读者只能登录图书馆系统才能使用这些数据库资源，并与其他读者进行互动。微信服务中的基本项目就是提供读者导航服务。图书馆可提前编制好读者关心的主要信息，包括新书信息、图书馆藏书分布、开放时间、读者借阅权限、讲座与文化交流活动等信息。可见，借助微信这一工具就能个性化推送相关信息。

（2）借助微信开展个性化服务。文献查询与咨询服务作为图书馆最基本的服务项目，也属于为读者服务的最核心内容。为此，图书馆在信息化建设过程中应按照精细化、专题化、个性化的思路将这部分服务作为信息化服务的重点。因此，图书馆提供个性化、专题化的服务更有意义。图书馆可通过微信进行一对一的实时问答服务，同时，与读者的互动沟通方式也比较多元化，包括文本消息、实时通话、视频沟通等方式。随着5G技术的应用带动了公众对咨询的需求，公众对图书馆服务要求更高，不仅要满足实时性要求，更需要个性化、精准化的服务。为此，图书馆可利用微信这一平台收集公众的不同需求，将这些需求进行整理分类，然后提供针对性、个性化的服务。

（3）借助微信平台开展文化宣传与传播。图书馆宣传工作大多是通过海报、QQ、微博等渠道宣传馆内活动信息以及本馆文化，其局限性在于宣传对象缺乏针对性。微信中的用户分类管理功能可以实现一个圈子一个爱好。微信用户的标签功能以及朋友圈功能可以将具有相同兴趣、共同话题的用户汇集在一起，然后通过微信向特定用户推送展览信息、阅读排行榜、培训讲座等特定信息。图书馆在组织馆内活动时也应积极应用微信。比如，讲座与培训属于图书馆服务公众的主要内容，但是图书馆很难预先确定参加者的具体数量与互动内容，而通过微信能有效解决这个问题。通过微信获取读者反馈信息，从而更精准地预判参加人数。这样就能科学预测活动规模，合理进行场地布置。同时，在现场活动的过程中，图书馆可通过微信平台去收集读者关心的话题以及提出的问题，邀请专家学者与读者进行线上与线下的同步互动活动。

（4）借助微信平台开展图书馆线上线下活动。图书馆所积累的用户群体非常广，可借助微信平台的朋友圈功能把用户群体划分到不同的圈子中去管理。朋友圈就是微信将一些爱好兴趣相同，有共同语言的人划分在一起交流的功能。图书馆为不同圈子的用户推送相应的信息，并在线上组织相关主题的讲座、培训、新书推荐等活动，供特定圈子用户进行沟通交流。同时，也可开展相应的线下活动，把这些用户组织在一起直接交流，营造文化氛围，提高图书馆的服务水平。

4. 图书馆应用微信的强化对策

（1）明确微信应用范围。图书馆在利用微信提供信息化服务的进程中必须明确微信应用范围，围绕用户的需求，实现对微信的系统化、科学化应用。目前，微信平台的服务模式包括订阅号与服务号两种。图书馆不管选择哪一种服务模式，都应从用户的需求出发，并结合服务号与订阅号的特点设计个性化、高效化的服务。根据应用实践来看，相较于服务号，微信订阅号运营更容易，但是服务号上面的高级接口便于图书馆在微信上补充有关业务。为此，图书馆应在明确微信应用范围的基础上科学挑选相应的微信服务模式，为用户提供高质量的信息化服务。

（2）进一步优化微信平台功能。就微信的缺陷来说，用户在浏览页面时无法迅速翻页了解所需信息。图书馆应不断优化微信平台功能，让微信推送的内容更简单明了，采用图文结合，视频、声频相结合的方式，吸引用户的注意力。对微信服务板块进行适当的调整，使其更符合手机浏览与查阅的特点，让用户获得更好的使用体验，进而提高图书馆信息化服务水平。

（二）图书馆信息化服务中区块链的应用

我国图书馆应当紧跟时代发展，推动我国图书馆信息化服务建设步伐，运用创新优化服务，基于区块链技术能够不断落实图书馆信息化服务发展。基于区块链理念下不断加强图书馆的信息化服务，能够推动信息技术的新一轮改革。运用区块链技术，也能够迎合用户群体的个性化需求，有效地改善当代图书馆信息化服务所存在的问题。

1. 区块链应用的优势

（1）信息资源多元化。多元化的知识信息涉及了更多的成本，也包含了很多我们无法直接看到的信息共享成本以及人员招聘成本。用户群体对于图书馆的多元化需求自然而然推动了图书馆的信息化服务发展，能够让用户迅速地了解到相应的知识资源。"将区块链技术运用到图书馆当中，能够推动图书馆优势资源的共建，降低市场共享资源的成本。"①
图书馆能够运用服务网络，根据用户的需求供应相应的资源，也能够运用信息化共享手段，实现信息资源共享。区块链技术理念与图书馆用户的需求相吻合，能够为用户群体提供更多的资源。图书馆运用区块链技术，也能够解决当下用户群体多样化的需求，同时解决当下图书馆信息化服务较为单一的问题，推动我国图书馆的发展。

（2）信息资源准确性。在区块链技术下，通过对图书馆的信息资源的分析，能够让图书馆了解到用户对知识资源的需求，也实现了数据与数据之间点对点的传输，也将图书馆所拥有的数据信息以公开化的方式展现到用户面前，从而拓宽信息传输范畴的方式，有效地提升图书馆的信息资源利用率。

（3）信息资源便捷性。图书馆运用区块链技术，能够使得图书馆中所蕴含的信息与用户群体所需求的相适应，并且能够使其运用到智能技术以及数据开发信息技术当中，同时也将用户的实际需求发送至服务器，为用户筛选出相匹配的数据信息，进一步提升查询信息资源的便利性。另外，图书馆还可以通过区块链中用户的查询数据，不断地挖掘用户所产生的历史数据，从而分析出用户的具体需求，为用户找寻相关数据资源，同时也优化了用户的数据资源查询体验。

2. 图书馆信息化服务中区块链的优化策略

图书馆运用区块链技术，能够有效地提升图书馆的信息化服务质量，提升图书馆数据信息查询效率，并有效地解决图书馆运行过程中所遇到的问题，推动图书馆的稳定运行。为了解决图书馆当下所面临的挑战，我们应当借助于区块链技术，运用研究成果以及先进的信息管理软件，推动当代图书馆的信息化服务建设。

（1）健全图书馆标准规划。图书馆信息化建成，是当今每一个图书馆的长期任务。图书馆信息化服务是不断规范图书馆业务工作以及提高工作效率的需求，更是当下加速图书馆网络化实现资源共享以及深化信息服务的需要。基于大数据下区块链技术的运用，能够促使图书馆的信息化服务发展取得突飞猛进的变化。此外，区块链技术也解决了当下图书馆信息收集多样性、存储的安全性和传播的广泛性问题，可以说它给图书馆服务带来革命性的变革。

基于区域链理论下的图书馆，加强图书馆信息化服务创新，首先应当完善图书馆信息化服务系统的建设，还要制定相应的标准数据指标以及基本的安全达标阈值，这样才能够

① 刘彦梅. 区块链理念下图书馆信息化服务创新研究［J］. 信息记录材料，2021，22（02）：186-187.

促使区块链中的每一项数据进行衔接，促使各个部门的数据互通，同时也能够不断强化区块链在图书馆信息化服务工作的运用，促使图书馆营造一个贴合用户实际需求的服务环境。

根据区块链技术应用下的信息化服务创新要求，并以此作为研究导向，不断吸纳更多的人才参与到区块链的研发平台当中，从而有效地降低研发成本，也保障区块链技术能够在各个领域中具备一定的兼容性，延伸我国图书馆区块链的发展，同时也为近年来区块链的发展拟订图书馆区块链技术运用的短期、中期、长期计划，支撑我国图书馆区块链技术信息化服务运用。在此探索期间，我国图书馆运用区块链技术不断解决信息化服务中所存在的难题，并对于顶层应用方式进行不断的优化和调控，推动了我国图书馆信息化发展。

（2）推动区块链技术应用创新。近年来，我国图书馆用户的阅读需求开始出现了多元化的变化，图书馆应当迎合用户的阅读需求，在信息化服务技术层面不断地提升自己的高度。我国在区块链领域拥有良好基础，我们也应当将区块链技术作为我国信息服务行业的核心技术突破口，加快区块链核心技术的突破，同时也给我国区块链技术的发展提供了技术上的保证。运用区块链技术能够在不断创新我国图书馆信息化服务方式，能够不断提高公共服务水平，同时也为人民群众带来更好的服务体验。

我们应当加强对区块链技术的引导和规范，另外还要加强对区块链安全风险的研究和分析，密切跟踪发展动态，积极探索发展规律。同时还要开展与当地一些公共服务组织进行密切的合作，促使区块链技术能够图书馆的信息化服务发展过程中开展全方位的技术性支持，从而有效地改善信息资源分配，也推动了我国区块链技术的建设与发展。

区块链专业型人才作为其中的关键因素，能够参照其他行业的区块链技术不断地渗透进图书馆的信息化服务建设过程中，同时也优化了区块链技术自身的性能，引导区块链技术能与图书馆的信息化服务进行有效融合。我国应当在区块链专业人员的培育层面提出更高的要求，区块链专业技术人员不仅应当了解到区块链的各项应用技术，还应当掌握图书馆的信息化服务建设管理思路，同时还要熟悉图书馆的相关业务，了解本行业的相关法律法规和国家相关政策等，从而培育出一批复合型专业人才。

（3）强化图书馆区块链的规划。区块链图书管理系统能够为用户拟构建一个系统的、科学的知识体系，其作为图书馆信息化服务体系的检索核心，能够使得文献、数据之间贯通互联，有效地实现各方数据的共享和兼容开发，让读者能够便捷地使用图书馆的资源。

信息化技术改善了图书馆传统的图书资源管理问题，将图书馆中的资源进行最大化的利用，提升了读者的借阅兴趣，加强了图书借阅的便利性，基于区块链技术下的图书馆信息化服务，致使当代图书馆的书籍借阅更加透明，图书馆资源的检索也变得更为高效。

（三）图书馆信息化服务中手机阅读的应用

现如今，手机阅读不仅可以满足人们的基本阅读需求，还可以帮助人们利用碎片化时间开展个性化阅读，这种方式非常符合现代人的生活习惯与生活节奏。图书馆要想实现自身的可持续发展，一方面要不断扩大自身馆藏资源优势，另一方面要主动迎合手机阅读这一发展趋势，积极探索图书馆服务创新策略，构建起一套符合现代人阅读需求和生活习惯的新型服务体系，使图书馆传统借阅服务得到有效拓展与延伸，充分发挥出图书馆的社会职能价值。

1. 图书馆信息化服务中手机阅读的应用策略

（1）服务理念创新。在当前的信息化时代，不仅智能手机实现了普及应用，手机阅读模式及相关配套服务也日渐成熟。随着人们生活节奏不断加快，手机阅读凭借其强大的便捷性和灵活多样性极大地满足了人们的阅读需求，很多读者不必走进图书馆，即可在网络上非常精准地检索到自己所需要的书籍，通过电子阅览方式达到获取知识和相关资讯的目的。

对于图书馆而言，要尽快更新自身服务理念，摆脱故步自封的思想束缚，高度认同手机阅读这一必然发展趋势，深刻认识创新服务的必要性、重要性以及紧迫性。在此基础上，以满足读者新型阅读需求为主导向，凭借较强的服务意识、创新意识以及互联网思维，积极探索传统借阅服务与手机阅读的融合路径，实现二者的相互渗透与优势互补，构建起充满活力的新型图书馆服务体系。在这个过程当中，图书馆要同时针对服务内容和服务形式进行改革创新，还要借助互联网平台、信息技术以及大数据技术开拓多元化服务渠道，为广大读者提供极具实用价值的附加服务，在读者、手机阅读和图书馆三者之间建立完善的协同机制，以此来推动图书馆的健康发展。

（2）服务内容优化。图书馆服务内容优化主要涉及以下四个方面：

第一，新增借阅排行榜，为读者提供借阅推介服务。图书馆依托大数据技术推出此项服务，并且定期将借阅排行榜上传到微信公众平台当中。读者即可随时了解近期都有哪些热门图书，从而有针对性地进行图书借阅，节省大量查询时间。

第二，开通微书评渠道。读者通过智能手机发表微书评，不仅直接增强了图书馆和读者之间的互动交流，还可以帮助图书馆及时掌握读者反馈信息和服务评价，从而更快、更好地改进工作；还可以在读者与图书作者、作家之间搭建一个互动平台，读者利用手机就可以与作者进行在线交流，体验到高质量的附加服务。

第三，开通 24 小时图书馆。读者在智能手机上完成用户注册之后，即可享受到 24 小时自助图书查询、借阅等在线服务。这项服务已经成为图书馆、书店的主要发展趋势，目前国内已经有多个城市开通了 24 小时图书馆，为那些喜爱阅读、热爱学习，但又工作忙碌的读者提供便捷、高效的阅读服务，满足其阅读需求。

第四，数字化图书资源服务。在一座大型图书馆当中，收集了海量文献资料和各类图书，采用传统方式进行资料查询，不仅需要读者亲自来到图书馆，而且费时费力，不符合快节奏生活现状。伴随着数字化图书资源服务的开通，读者通过查询手机，即可轻松完成图书的查询与借阅，极大地提高了图书馆服务效率与服务品质，为人们节省大量宝贵时间。有一些专业书籍，本身带有音频、视频等讲解资料，读者可以将这些资料下载到手机当中进行收听观看，从而获得更加完整的学习资料。

（3）创新服务方式。

第一，短信推送。目前，国内已经有一些图书馆尝试运用手机短信这一方式为读者提供推送服务，所推送的内容主要来自大数据统计分析结果。图书馆运用大数据技术对现有读者的阅读喜好、阅读需求和阅读习惯进行分类管理，例如社会类、自然科学类、文学类、教育类、医学类等。然后，以手机短信的形式向不同类别的读者发送图书到馆提醒、图书归还提醒、图书逾期提醒、新书推介、馆内讲座通知等信息，使读者能够第一时间掌握与自身阅读需求相关的服务信息。

第二，定制服务。只要读者向图书馆表达接受相关定制服务的意愿，图书馆便可以定期向读者发送书目查询、图书预约、图书续借、自习座位预订、讲座智能预约、新书签售等手机短信，使读者不必亲临图书馆或者电话咨询，即可针对自己所感兴趣的内容进行自主选择。

在定制服务方面，国家图书馆通过与北京方正阿帕比技术有限公司合作，采用方正文本信息处理技术将报纸当中的文字、图片、动画等信息通过手机网络免费发送到用户手机当中。用户只要浏览手机，即可随时了解国内外时政要闻和各类新鲜资讯，实现了真正意义上的数字化阅读，并由此打造一个移动新媒体传播平台。

第三，交互服务。图书馆可以利用智能手机交互性功能为广大读者提供在线互动交流服务，具体可以采用发送手机短信、微信平台互动、手机微博留言评论等多种形式，及时采集读者反馈意见、倾听读者心声、了解读者需求，甚至可以筛选出一些热心读者，让他们通过在线互动交流方式参与到图书馆发展建设当中，通过发送短信或者在线留言等方式对图书馆管理工作提出一些合理化建议，当图书馆管理人员接收到读者建议之后，要第一时间给予相应的回复，对热心读者表示感谢。如果读者所提供的意见和建议被图书馆采纳，还要给读者发放一定的奖励，使图书馆交互服务得到有效落实，促进读者满意度的不断提升。

2. 图书馆信息化服务中手机阅读的应用保障

（1）做好宣传推广工作。图书馆在服务创新的过程中，会陆续推出多项新服务与新举措。这就需要在开展服务创新的同时，做好相关宣传推广工作，让广大读者能够第一时间了解图书馆最新动态，从而使服务创新工作得到有效落实。在这个过程中，主要包括以下工作：①加强与读者之间的互动交流；②注重提高手机阅读使用率。对于那些可以借助手机完成的服务措施，例如自习位置预约、图书库存查询、图书归还时间查询等，均可以通过手机完成在线询问，使读者习惯于运用手机享受图书馆所提供的各项便捷服务，在读者、手机阅读与图书馆之间建立起较强的关联性，发挥出图书馆自身的宣传推广价值。

（2）提高人员业务能力。图书馆为了更快、更好地实现手机阅读与图书馆服务的全面融合，要重视工作人员工作理念、工作方法的更新以及服务意识的全面提升，切实有效开展岗位技能培训。例如在文献分类编目中，要指导工作人员运用信息化分类技术为用户提供最快、最为精准的信息查询服务；在信息共享方面，要指导工作人员掌握先进共享设备操作方法，与其他图书馆之间实现信息互联互通与资源共享。届时，读者只须在一家图书馆当中进行信息查询，即可同时获取多家图书馆的信息资源，促进图书馆馆藏资源利用率和读者满意度的同步提升；在业务培训当中，还要注重提高图书馆工作人员的服务意识和服务水平，使其能够熟练运用手机当中各项功能为读者提供信息化服务。并且及时将读者反馈意见与建议提交给图书馆，推动图书馆服务创新，构建起更加科学完善的手机阅读服务体系。

（3）加大资金投入力度。在手机阅读趋势下，图书馆服务创新需要引进大量先进科学技术及相关软硬件设备设施，这就需要图书馆加大资金投入力度，营造出一个良好的网络环境，为各项创新服务举措配备相应的计算机及专业软件系统，这些软硬件还要具有较强的拓展性与兼容性，确保大数据技术、数据信息传输、信息查询等环节获得必要的技术支持，使读者享受到高质量手机阅读服务体验。最后，图书馆还需要在网络信息安全方面设置专项资金，为图书馆信息以及读者信息提供可靠的安全保障。

第三节　图书馆信息化建设的意义及内容

一、图书馆信息化建设的意义

社会经济的快速发展，为图书馆进行信息化建设奠定了良好的社会环境与物质基础，而图书馆的信息化建设作为信息化整体规划的重要组成部分，也必将助推社会经济的全面进步。未来是信息化不断深化的社会，未来是实现全面跨越式发展的重要时期，将信息化引入图书馆，加强图书馆信息化建设，不仅对整个地区的图书馆事业意义重大，而且将对地区政治、经济、文化的全面繁荣发挥至关重要的作用。

（一）助推本地经济发展，加快信息资源共享

良好的经济基础、和谐的文化氛围，能够为图书馆等公共事业的发展提供良好的外部环境。随着信息时代的发展，本地政府、民众、企业的信息需求已成为各级图书馆进行现代化改革的强大动力，图书馆只有顺应这一趋势，积极开展信息化建设，才能对当地经济发展与社会进步产生积极的影响。

近年来，城镇化速度加快，大批农民入城，极大地推动了我国的现代化进程。社会主义和谐社会建设、新农村建设使我国精神文化面貌焕然一新。在这样的发展背景下，人民物质生活有了很大改善，文化生活日益丰富，精神文化层面的需求不断提高，这为把图书馆建设成为当地的公共文化娱乐中心，发挥教育、文化娱乐职能提供了很好的契机。

图书馆进行信息化建设，是顺应时代发展，是实现其社会文化、娱乐职能的重要方式。图书馆的快速发展，对保存地区特色文化遗产，向民众传播文化知识，加快实现资源共享具有重要的意义。近年来，重视文化环境的建设，重视民众的精神文化生活，加强对公共文化事业的投入。政府的重视，经济的发展，民众物质文化生活的需求，都对当地图书馆的社会服务、文化服务提出了更高的要求。信息化是对图书馆未来发展的准确定位规划指南，是推动图书馆事业繁荣的不竭动力，尤其是在开展基层图书馆信息资源合作交流、丰富群众的精神文化生活方面，有着积极的、不可替代的作用。

（二）加强信息人才培养，提升城市整体实力

随着信息社会的发展，信息人才成为具有信息发展观念信息技术的一类特殊人才，是

进行信息化建设最不可或缺的宝贵资源，是推动我国信息化发展的核心动力。图书馆是吸纳各类信息资源的宝库，肩负着为国家信息化建设存储信息资源、传播信息技能、提高国民信息素养与培养信息化人才等急迫任务。作为图书馆，更应该积极地融入信息化建设中来，发挥地方资源特色，为当地培养源源不断的信息化人才，提高地区民众的信息素养，推动地区经济信息一体化进程的发展。

信息化人才的聚集，不仅可以成为信息化建设的核心力量，还可以为地区吸引更多的人才，从而提升城市的人才聚集效应。近年来，加快了对信息化人才的引进力度，图书馆积极地通过各种方式吸引优秀的信息人才加入图书馆信息化建设事业中来。相比之下，图书馆受制于经济、文化、环境等条件，短期内很难吸引到充足的信息化人才，面向当地民众的信息化教育培训也很有限。

未来社会将会是一个自动化、信息化、网络化高度发达的社会。因此，图书馆只有开展信息化建设，用事业、待遇、感情用人留人，才能获得信息人才与读者的支持，才能永葆生机与活力。专业化、年轻化的信息人才队伍必将成为各地信息化建设，彰显城市综合实力的主导力量。

二、图书馆信息化建设的内容

随着现代计算机通信、多媒体技术的高速发展，信息载体的数字化和信息传播的网络化，推动着图书馆管理与服务方式的变革和发展，加快了图书馆信息化的进程。

图书馆信息化建设是一项大的社会工程，需要社会各界的支持与参与。在这一过程中，主要包括图书馆数字化资源建设、图书馆信息资源的共建、图书馆专业人才的培养以及图书馆信息化建设的规范等方面。

（一）建设数字化资源

随着计算机与网络的普及，数字技术正在改变人类赖以生存的社会环境，并使人类的生活和工作环境具备了更多的数字化特征，社会的信息化程度日益提高。数字技术和网络通信技术的发展使所有人都能利用先进的科技成果，并使各种文化的交流逐步建立在快速、直接与个人交流的基础上。

信息传输手段革命的真实含义还在于"内容"——数字信息资源①。使通信业、传媒

---

① 数字信息资源是在计算机技术、通信技术和高密度存储技术的迅速发展并在各个领域里得到广泛应用的环境下产生的一种信息资源形式。

业、信息业融合为一的数字技术，在拆除了各种传媒之间的传统壁垒，使之成为统一载体的同时，也极大地刺激了对"信息内容"的需求，引发了"内容产业"大规模的"媒介转移"与资源整合浪潮，"信息内容革命"由此产生。

"信息内容革命"在世界范围内的出现，引发了世界性的、面向数字时代的文化媒介迁移运动。作为迄今为止数字信息资源的主要的和有效的组织形式，图书馆信息化建设成为其中最引人注目的基础性项目。图书馆信息化建设成为"信息内容革命"时代的标志性项目，具有其内在的必然性。应当指出，与人类学习、利用、收集、发现知识的形式和技术手段的发展密切相连，在造纸和印刷术的基础上，有了以印刷型文字处理为主的传统图书馆。当新的技术手段，即数字技术手段出现之后，传统图书馆自然成为向图书馆信息化建设迈进的出发点。传统图书馆历来扮演着保存和传播人类知识的关键角色。因此，实现"信息内容革命"必须以文化遗产的数字化为中心环节，而文化遗产的数字化必须从传统图书馆做起。

数字化资源建设对中国经济有拉动作用，主要体现在：信息数字资源的建设将促进中国软件产业的发展。在信息收集，中文多媒体信息的压缩、存储、还原，数据整理加工，数据提取等方面，中文软件产业有巨大的市场发展潜力。同时利用信息数字资源可节约成本，增强市场竞争能力，促进诸如企业、医疗、社会保障、公用事业等行业应用软件的发展。数字化资源建设还可促进信息服务业的迅速发展，促进信息深加工、信息服务、信息产品制造业的发展，满足文化市场的需要；促进信息产业产品的开发利用，特别对网络接入产业是一个有力的促进，比如在促进互动电视产业发展方面，网络终端将成气候，特别是为适应中国市场的网络终端产业提供了极大的机会。

目前，图书馆的数字化资源建设主要包括馆藏文献资源数字化、购买数字化产品和网上文献资源馆藏化三个方面。馆藏文献资源数字化是将馆藏的文献资源包括印刷型、缩微型、视听型文献以及电子出版物等以数字化形式发布到网上，成为网上信息资源的一部分，并利用馆藏和网上资源建立各种数据库以及媒体资源库。购买的数字化产品就包括电子期刊、电子图书和数据库。网上文献资源馆藏化则是采取虚拟图书馆技术，图书馆馆员利用自身的专业优势，在充分了解网上资源分布状况和熟练掌握获取网络信息方法的基础上，搜寻、分辨和筛选网上信息，为读者提供网络信息导航，使读者像利用本馆馆藏一样方便地利用网上信息资源。

（二）共建信息资源

图书馆信息化建设必须和外界联系，信息化文献资源建设不仅是本馆的资源建设，更是整个社会信息资源建设的一部分，它必须和其他部分资源建设保持整体性和统一性。我国图书馆信息化建设必须强调国家的宏观调控，进行统一的规划与协调以及分工合作，以利于打破部门和地区的分割，有计划地开展图书馆信息化建设工作。

文献资源建设必须坚持共建共享的原则，每个图书馆信息化的信息资源，只有通过协作发展，互为补充，互为利用，互为推动，才能建立起一个良好的文献资源保障体系，提供高效的网上信息服务，以充分发挥图书馆信息化的优势。从网络整体上实施资源的合理配置，把图书馆信息化资源建设纳入整个地区、国家和全球的信息网络体系。因此，图书馆信息化建设必须走联合的道路。

（三）规范图书馆信息化建设

图书馆信息化是整个社会信息化中的一环，其中图书馆信息化建设的规范化问题非常值得重视，信息化建设规范与否是信息建设能否正常发展的关键因素。

第一，图书馆信息化评估体系的建立。在图书馆信息化发展的早期，对图书馆信息化水平的评估主要是针对传统业务流程是否实现自动化进行审核。进入 20 世纪 90 年代，随着信息技术的发展，一个仅仅能提供公共目录查询和图书馆业务管理的图书馆自动化系统已不能适应技术与时代的发展，而需要从整体的、系统的、信息化的观点来考虑。

信息技术的飞速发展使图书馆信息化的内涵也丰富起来，图书馆信息化评估涉及图书馆业务、管理、设备等多方面的内容，需要制定一套评估的标准体系，使图书馆信息化发展有方向、有目标，逐步走向规范化，以方便全球范围内的用户使用。它的建立不仅能客观评价我国图书馆信息化的现有水平，还能对我国图书馆信息化建设起到导向作用。

第二，图书馆信息化要有相应的法律法规做保证。图书馆信息化从大的方面要遵循国家信息化发展的总政策，同时可以根据本行业的具体特点制定相应的法律法规，以保证信息化工作的顺利展开。这些政策可包括信息化建设资金投入、民间参与政策、市场拓展等方面。

第三，标准与法规的制定和实施。在进行图书馆信息化建设数字资源库的过程中，应借鉴其他国家图书馆信息化建设的经验教训，制定统一的适合中国图书馆信息化建设的资源描述、标志、查询、交换和使用的标准规范及法规；尽量地使用统一标准，对那些不是按标准格式组织的资源库，也必须考虑数字资源的充分描述，并要有灵活的接口，以保证日后对数据的有效转换与衔接；同时在加工资源库的过程中还要考虑版权问题，以做到充分地尊重知识、尊重智慧，使我国图书馆信息化在建设伊始，便走上标准化、规范化、法治化管理的发展道路。

第四节　图书馆信息化建设的优化措施

一、提高馆内人员的信息化意识

图书馆信息化的阻力还是来源于人的意识，由于图书馆事业的传统思维和固定工作模式等因素阻碍了图书馆人员信息化意识的提升，因此，信息化必须意识先行。

（一）转变领导观念

为了加快和推进图书馆的信息化建设，图书馆领导可以转变观念，重新审视图书馆的地位和作用，认识到图书馆信息化建设对于现代化建设发展的重要作用。图书馆应当积极秉承信息化建设意识，认清图书馆信息化建设的重要性，给予信息化建设工作以大力支持。

图书馆领导要准确把控信息化意识对信息化建设的阻碍作用，增强对信息化意识的重视程度，以身作则，发挥干部引领作用，把馆员的信息化意识状态放到重要位置，实行全员参与信息化建设工作制度，加大图书馆馆员信息化的培训与学习力度，让所有馆员在图书馆的信息化建设进程中大胆思考，勇敢提出自己的观点和想法，提升图书馆馆员的整体信息化意识。

（二）加强馆员自身学习

图书馆馆员加强自身学习，改变以往的观念和意识，深刻认识到信息化时代赋予自己的要求与职责，摒弃传统思想观念，与时俱进。

积极参与单位组织的信息化培训与学习，在工作中争取掌握先进的信息技术与技能，充分感受信息化的魅力。馆员还需要认识到信息化意识对自身职业发展的促进作用，可以通过网络资料、视频等方式去尝试学习新兴的信息化技术与专业知识，做到馆内所有的现代化设备仪器都会熟练操作，并争取对先进设备的工作原理做到有所了解，在需要时可以向图书馆的技术支持中心的同事学习和请教。

图书馆馆员应该从根本上树立信息化意识和服务意识，并积极学习国内外先进的图书馆信息化建设的先进理念，并树立大数据时代信息咨询的主导意识，贯彻以人为本，变革传统信息咨询当中用户提问的手段，促使图书馆为读者提供人性化的服务。

二、加大稳定资金投入，完善基础设施建设

图书馆建设提高重视，加大对图书馆的建设经费投入，并对图书馆进行信息化建设需要的先进设备进行资金上的大力支持。设备主要指的是计算机、数据库、网络、电子阅读室以及服务器等基础设施。此外，由于图书馆信息化工作需要持久的投资，需要充足的资金作为经济基础，图书馆在自身的信息化建设工作中，应当在完善基础设施的过程中合理地分配资金，保证图书馆信息化构建的有关硬件设备和软件设备得到同时提升，同时结合现实状况进行有效的更新换代，确保信息化建设拥有长期稳定的资金投入，使得图书馆的信息化水平得到全方位提升。

（一）优化馆舍环境及其氛围

建议图书馆在目前建设的基础上，继续进行优化设计。在馆舍的改建上要充分体现图书馆服务人性化的理念，了解读者的意愿以及习惯，尽可能地为读者运用文献信息展开文化沟通活动提供便利，在基础设施配置过程中，需要人性化的设计，确保自习室以及阅览室的光线充足，营造安静的学习气氛，图书借阅处要确保可以随时开窗换气，保持空气的清新；电子阅览室里面必须杜绝安全隐患；读者研究间及教师备课间等空间建设要做好隔音处理。结合服务人性化理念，建议在专业阅览室内的书墙与书架上方空间进行相关模型的摆放，这些模型的设计既能完美契合"特色"，又可供读者观赏学习。此外，自习座位紧张是读者永恒的呼声。因此建议图书馆在整体的建设中尽可能地增加自习座位，让读者可以在图书馆学习的同时又方便查阅所需资料。

（二）完善硬件设施建设

服务人性化理论要求图书馆在信息化建设工作中，以读者用户的需求为出发点，提供人性化的基础设施。图书馆完善公共区域遥控器、计算机、自助设备等硬件设施。

第一，增加遥控器的数量，并在固定区域配置收纳容器，读者在需要的时候自取，用完再放回原处，这样读者在需要时就不必再去服务台进行登记借用和还回操作。

第二，建议增加图书馆的自助借还机、自助文印机、自助导航等自助设备的配置，特别是在书库的楼层需要摆放一定数量的自助借还机，方便读者就近选择使用，避免读者带着沉重的图书到别的楼层去找自助机进行借还。

总之，只有完善图书馆的整体硬件设施建设，才能提高读者的服务效率和使用感受。

（三）完善软件设施建设

人本管理理论要求图书馆坚持以人为本的服务理念，在重视读者切身感受的同时，更应该把图书馆馆员的工作需求列为工作的关键部分。不断健全图书馆自动化办公软件的功能，全面了解图书馆工作人员使用中出现的问题，积极对接软件工程师，反馈工作中的使用需求，最大力度地开发符合图书馆实际需求的管理软件，提高工作和管理效率。

图书馆可以加大对"来选座"座位预约系统、空间预约系统等软件的管理与跟踪，及时发现系统的突发故障，并配合工程师进行系统的完善与升级，最大限度地为读者减少因为软件出现问题导致纠纷的事件发生。

三、加快知识资源整合

图书馆知识管理以知识作为核心的管理对象，其战略关键在于促使内部工作人员以把隐性理论和显性理论相互转变，相互共享和运用。在联机公共目录查询系统对信息资源进行整合的基础上，建议图书馆加大这一系统的资源整合力度，以满足用户深层次全面化的检索需求。明确合理的全方位的文献类别细分标准，促使同一领域内的文献资源类别划分相同。

此外，构建标准化、开放化的链接，促使文献资料在检索过程中的类别是清晰且一致的，保证用户在检索文献的过程中，可以获得一站式的服务。对文献资料展开深层次的调研和剖析，构建差异化学科之间关联的有机系统，为用户构建一个全面的、智能化的检索体系，减少检索文献遗漏和提升用户的期望数值。

要想切实加强图书馆信息化的建设工作，馆员需要对当前图书馆的资源进行合理的整合与规划。按照学科划分类别以及专业理论的内部关联，将馆藏数据库和纸质图书等资源转变成一个综合的有机体。与此同时，搜寻学校内不同专业的理论和信息知识，根据学科类别梳理成特色数据库，为教师和学生提供更加方便快捷的服务。这一工作目标，需要图书馆馆员在日常工作当中处理好读者对于信息需求的访问工作，借助聊天以及网络咨询和电话采访等手段，与读者展开沟通互动，构建用户信息库，充分挖掘用户数据，做好整理，结合用户的需求，展开图书馆馆藏的构建和更新，提升图书馆的服务品质以及服务效率。

四、深化信息化服务，提高服务质量

（一）深化信息化服务内容

组织信息化服务，加深服务内容是图书馆馆员的工作本质，也是图书馆工作的重点及内容，涵盖了传统工作的信息化运转，现代科技方面的拓宽以及提供个性化服务。拓宽现代技术，组织网络服务是一种服务的加深工作，借助多元的网络信息资源和前沿的通信技术来管理图书的服务模式。

现如今，现代化信息技术日益提升，信息的获得趋于国际化和网络化，图书馆组织的网络服务成效显著，读者运用网络信息资源，在个人图书馆的网页上利用超链接来搜寻自己需求的信息，构建特色的虚拟馆藏。因为在网络化环境下，用户有关信息服务的标准不断提升，所以图书馆已经拓宽现代技术，推进图书馆的信息服务。

书刊的收集、梳理和编辑排序，以及现代化数据库的构建和网络资源服务，都属于服务工作的范畴。由于这些工作目标都是为读者服务，书刊的收集、整理、编排等都是传统工作，但是现如今图书馆领域开始逐步使用计算机，所以工作属性也出现了很大的变化，图书馆应该加强利用现代技术来运转传统工作。图书馆个性化服务的组织是其信息服务的关键，结合用户群体不同的信息需求，给予其个性化的信息内容和服务。图书馆不仅要维持自己以往的个性化服务，同时还要加深相应的服务，从以往的以文献资源为中心，转变为以用户为中心，结合用户的差异化信息需求，创建个性化信息服务多元手段，促使用户的相关需求得到满足。

挖掘相关的数据，利用网络技术冲破自身的馆藏，借助网络信息资源，给予图书馆用户更多的信息服务，拓宽信息服务的范围，加深服务内容，组织个性化的服务。

（二）提高信息化服务质量

信息技术的发展十分迅猛，资源环境也发生了很大的变化，图书馆管理工作者在现如今发展当中对服务质量的要求相对较高，这也是传统管理模式演变成信息化管理模式过程中两者之间存在争端所引起的。传统的图书借阅服务向信息化的态势迈进，主要原因是计算机技术以及微电子技术和多媒体技术的运用。此外，图书馆图书查询系统并不被读者所熟练掌握，所以图书管理员要协助其展开搜寻，提升查找图书节省的速度，提高服务的质量。

在服务质量的提升上，借阅的提示信息也变得十分关键，在借阅归还图书方面，电脑与打印机相连接，在读者借阅归还图书以后，可以打印出借阅以及归还记录，便于读者查借阅图书以及归还图书的名称以及时间，降低延误情形。同时，这也促使图书馆馆员有效地发现工作过程中存在的失误，提升传统读者的信息化服务品质。另外，给予读者属于自己的存储空间，图书馆为每个读者创建各自的存储空间，利用计算机操作平台，将读者需求的信息存储到其中，构建专题信息数据库，为以后开展方便快捷的服务创造条件。

为了保证数字资源的知识产权，以及个人存储空间当中的资料，可以和图书馆的资源构建进行超级链接，将个人空间操作平台和图书馆的资料紧密结合在一起，严禁复制原始资料。不仅如此，还可以借助网络技术展开线上联合咨询以及搜查远程协作服务，把全国关联成一个整体，共享相关的文献信息资源，同时还可以共享科研成果以及了解成功的咨询事例等，提升图书的借阅率，促使借阅的步骤更加畅通，提升网络用户的信息服务质量。

五、加强信息化服务队伍建设

（一）强化图书馆馆员的主动服务意识

图书馆的工作任务就是收集有关文献数据，展开合理的鉴别梳理，以及加工、存储、搜索和宣传，精准、便捷地给予读者相应的服务。不管是传统的图书馆系统，还是自动化系统给予读者周到的服务都是图书馆工作的主要宗旨，并在其所有业务活动当中都能够体现出来。在现如今的背景下，要从理念上转变以往被动服务的意识，自主组织工作，自主掌握读者在信息需求方面的改变，利用图书馆充足的藏书资源以及庞大的信息资源，给予读者相应的专题信息服务，了解读者在信息需求方面的转变。做好相应的应对措施，在条件具备的过程中，和相关学院以及机关单位构建长久的供给信息关系，图书馆工作人员需要及时拓展自己的服务意识和业务能力。

在信息化背景下，图书馆的发展面临着新的机遇与挑战，传统模式已不能满足高校师生对信息资源的需求，作为高校文献信息服务中心的图书馆，其信息化建设程度直接关系到对师生的服务能力和服务质量。所以，提高图书馆信息化建设的质量与速度势在必行。信息化推动图书馆朝着现代数字化方向发展，改变了传统的图书储存、阅读、使用的方式和方法，打破了传统图书学习和使用的时间、空间、地域等限制，现代信息化图书馆将图书、期刊、文献进行数字化储存，从本质上改变了传统图书馆的管理模式，数字化技术支持下图书馆发展成为一个分布式的信息系统，将不同的载体信息资源通过数字技术存储，以便跨区域、多对象的网络搜索与传播，且该系统涉及资源加工、储存、检索和传输。这个过程使得广大读者获取信息的方式更加快捷多样，在极大程度上不受空间与时间限制，有效地提高了学习效率。

（二）加强图书馆人才管理

图书馆的工作性质具备社会性以及服务性的特点，所以从业者需要具备大众服务员的相关品格。擅长图书的整理及扫描等细节性的工作，并且图书馆工作的学术性以及智能性等都要求从业人员需要不断提升自己的素质修养。总的来说，图书馆馆员理应是复合型人才。人本管理理念注重对图书馆馆员的管理，要构建一个素质相对较高，结构相对合理的图书馆专业队伍。优化团队水平，加强对图书馆馆员的管理，推进图书馆团队的教育、培育以及提升。同时，利用人事制度变革调整图书馆工作人员团队。

第一，调整和提高现有队伍素质。随着我国图书馆事业的发展，我们已经拥有一支数量不小的专业队伍。图书馆要努力提高图书馆从业者的科学文化水平，注重通过自身和图书馆开展学历教育和在职培训，适应知识经济时代的要求，优化馆员的知识结构；要着力改变队伍专业结构比较单一的现状，力求优化专业构成。

第二，加强图书馆职工队伍的管理。这包括对图书馆专业人员、技术人员、工人和后勤人员的管理。要建立上述四种人品的业务档案，全面及时地反映每个职工的简历、业务与学术上成绩和贡献，所受考核奖励和其他情况，作为考察出勤、业绩、学术水平以及晋升加薪的依据；要明确职工的分工与职责；要做好专业人员技术职称和工人技术等级的评聘工作。

第三，通过人事制度改革优化图书馆职工队伍。随着国家推进事业单位人事制度的改革，图书馆应积极探索改革，努力形成尊重人才的环境和鼓励竞争的机制，为勇于进取者创造施展才能的机会；建立图书馆界人力资源共享机制，特殊岗位人才向社会招聘；建立人事聘用制度，按需设岗，并按公开公平公正原则和考核办法竞争择优聘用等。

（三）加强图书馆人才培养

1. 加强人才建设，研究人才对策

关于有效培育和运用人才的意识方面，图书馆需要服务于我国教育科研事业，推进科教事业的迅猛发展。构建合理的精准的人才观，树立人才是根本的理念。将开发人力资源当成图书馆长久发展的目标，确实意识到人才是资源并加强开发人才。人才是资金，需要

提升其价值，确保其流通的合理性，变革用人机制，构建以竞争为核心的用人机制，构建合理的人才评价机制，完善内部人才市场，推进人才在内部的有序流转，构建馆员竞争制度，变革中层干部任用制度。只有这样图书馆才能够不断提升自己的竞争实力以及发展潜力，在信息社会当中立于不败之地。

2. 加强图书馆馆员的继续教育

在信息网络当中，图书馆必须和我国互联网构建以及网络化发展的步伐相互吻合。

（1）构建继续教育领导团队之下，设立技术咨询专家工作组，从技术以及政策领域来指引图书馆继续教育人才培训，设计培训规划。

（2）留住业务骨干，平稳专业技术团队。对于在图书馆自动化管理工作中有优势的技术工作者，需要给予他们相应的补贴以及职位补助。在图书馆内构成一个高薪阶层来吸引专业人员，发挥他们在图书馆工作的热情和活力。

（3）长久编制合理的在职培训规划。明确相应的培训目标，促使人才的培养更加高端，在培训过程中，要与国际水平的发展走向和信息化图书馆的发展需求相互相吻合。

总之，图书馆需要从管理、人才引进以及规划等视角思考学科的多元化以及学历的多元化和职称多元化。同时还要关注专业理论，并且还要培育和引进技术人才，充分利用图书馆的内部潜能，加强图书馆的服务职能。

第四章 信息化时代高校读者服务创新

第一节　高校读者服务内容

高校图书馆服务是在高校范围内，运用图书馆资源满足特定读者对文献信息需求的行为和过程。创建高校图书馆服务效益的主要目的是提升图书馆的服务质量，满足对高校教学、科研和管理的需求。图书馆的服务功能围绕特定读者的学习、工作和科研、管理需求而开展。

一、高校图书馆读者服务的读者需求分析

（一）学生读者群体的层次与特征

1. 学生读者群体的层次划分

"学生读者深度参与图书馆管理和服务创新，有利于促进图书馆管理育人、服务育人，直接参与学校人才培养的实践，图书馆因此成为学生成长、成才的基地。"① 他们思想活跃、思维敏捷、兴趣广泛、求知欲强，作为主要服务对象可以划分为低年级和高年级两个层次：

（1）低年级学生。他们入学时间短，对于学校的一切既新鲜又陌生，对图书馆丰富的馆藏充满了好奇和浓厚的兴趣，但他们的知识面较为狭窄，也不懂得如何充分利用图书馆。所以，在阅读时没有明确的阅读目标，带有较强的盲目性和随意性。

（2）高年级学生。他们已经能够适应大学的学习生活，自学能力和独立支配时间的能

---

① 韩丽风，王媛，刘春红，王云. 学生读者深度参与图书馆管理和服务创新的实践与思考——以清华大学为例 [J]. 大学图书馆学报，2013，31（04）：26.

力都大大提高。他们已经不再满足教材中提供的现成结论，因而，要求阅读观点各异、流派不同的参考图书，从中加以比较，形成自己的观点，其对于图书馆的利用，往往带有较强的目的性和计划性。

2. 学生读者群体的阅读特征

学生读者群体的阅读有以下三个特征：

（1）阅读需求的稳定性。高校专业的设置与教学计划，在相当长的一段时间内不会有大的改变，这一稳定性制约着教学用书的长远发展；开设课程与教学内容的稳定性，则决定了大学生阅读需求的相对稳定。在校学习期间，大学生都对教科书、教学参考书、题解之类的资料表现出浓厚的兴趣，社会上广泛流行的文学作品对他们也有一定的吸引力。这些读者的需求，在时间、品种、数量方面，都具有相对的稳定性。

（2）阅读需求的集中性。这主要表现为教学用书的品种和复本的集中，借阅时间和人数的集中。即在某一阶段内，成批的学生须参考阅读某一内容或具有某一特性的图书资料。这一现象带有周期性。

（3）阅读需求的阶段性。大学的每个学期及每个学期的各个阶段，大学生的阅读需要都有一定的规律可循。一年级的大学生阅读的内容，除了指定的教学参考书外，大多是一般的文艺作品。到了二、三年级，自学能力和自我意识有了很大提高，开始有计划地选择专业性读物和文学专著，综合性书刊也是他们涉猎的目标。四年级的大学生已经初步掌握了所学的专业理论。阅读有关专业性文献、收集资料写毕业论文或进行毕业设计，成为他们学习生活的重心。有些学生则借阅颇有深度的专业理论书，准备考研究生。每学期的开始和期末，是学生还书、选书、借书的高峰期，写毕业论文或进行毕业设计阶段，是学生大量查阅书刊的时期。

学生读者群体的服务工作：针对低年级学生的特点，图书馆不仅要主动热情地提供服务，还要进行入馆教育，向他们积极宣传、推荐优秀图书，辅导他们有目的、有计划、有系统地去利用图书馆的信息资源，帮助其掌握正确的学习方法，并培养健康的阅读心理；而对于高年级学生来说，图书馆应主动了解他们的需要，创造条件，为他们所进行的学习内容和研究课题开展"对口服务"，尽最大可能满足他们对于文献信息的需求。

（二）教师读者群体的层次与特征

1. 教师读者群体的层次划分

教师是高校教学和科研的主要力量，是图书馆的重点服务对象。一般来说，教师分为老、中、青三个年龄层次，不同层次的教师心理需求也有所不同。

（1）老年教师。他们具有丰富的教学科研经验和较深的学术造诣，是教学、科研的指导力量，他们来图书馆的目的就是得到水平较高、内容较新的信息资料，他们对于书刊的需求量较中年教师来说相对少些，但需求层次较高，表现出研究型、创造型的特点。

（2）中年教师。他们具有比较成熟的教学和科研经验，是教学与科研的骨干力量，起着承上启下的作用。他们所查阅的信息资料，大都与自身的教学和科研任务相关，面不太宽但专深、新颖、系统。其书刊需求量介于老年教师和青年教师之间，呈研究型、应用型、学习型的特点。

（3）青年教师。他们处于进修、提高阶段，是教学与科研的新生力量，是图书馆最积极的利用者，其需要的往往是有关基础课程方面的书刊或教学参考书。青年教师对于书刊的需求量大，与老年和中年教师相比，表现出学习型、求索型的特点。

2. 教师读者群体的阅读特征

教师读者群体的阅读有以下两个特征：

（1）阅读需要的广泛性。作为高校教师，他们首先是教育工作者，通过专业教育培养学生，他们不但要研究教学内容，还要研究教学方法、思想方法、学习方法等诸多与教学有关的知识内容。因此，他们需要较广泛地阅读一次性文献，不断地学习、充实和更新自我。

（2）阅读需要的专深性。高校的每位教师都有自己的科研方向和科研内容，而要完成集体的或个人的科研任务，他们就必须经常出入图书馆，查阅专业性刊物，以及二、三次文献，及时获取最新的相关科研成果。他们阅读目的明确、阅读范围集中、阅读内容专深。

教师读者群体的服务工作：对于老年教师，图书馆馆员应对他们优先照顾，提供最大的方便，如提供上门服务，帮助网上查找，确实做好代查代译工作等。对于中年教师，图书馆馆员应了解其授课内容、科研方向，及时向他们介绍新的科技文献资料、相关教学方面的参考书籍，尽量满足其教学与科研需求。对于青年教师，图书馆馆员应为他们提供相关的教学参考书、工具书以及与教材有关的其他辅导资料，并帮助其掌握、利用相关的文献检索工具。

（三）其他读者群体

高校图书馆面对的读者群体不只是教师和学生，还有相当数量的其他工作人员，这也是很值得重视的群体。这个群体的成分复杂、文化水平参差不齐。他们多喜欢阅读一些趣味性及知识性书刊，以在闲暇之余消除工作中的疲劳及排除各种事物的困扰。他们没有固定的阅读内容，因而具有很大的盲目性和多变性，其需求心理表现为娱乐型、学习型和应用型。

二、高校图书馆读者服务的内容特性

高校有综合性大学和专科性大学、多科性文科和理工科大学之分。不同类型的高校图书馆在读者服务工作上也各有差异，因此其服务主要分为以下四个部分：

（一）研究与组织读者

读者服务工作的主要内容和前提条件——研究与组织读者。在现代图书馆工作中，研究读者就是要研究不同的读者知识结构的跨学科性、读者文献需求的综合性、读者信息咨询的针对性和读者服务的有效性等。对读者知识结构现代化的探索和读者需求分析，是提高读者服务工作和图书馆管理工作水平的重要方式，它使"图书更新"与"读者的知识更新"相适应，使读者服务管理方式的变化与读者需求的服务方式的变化步调一致。因此，对读者的研究与组织，是读者服务工作中的基础性工作，是为读者服务寻求理论依据的活动。

研究与组织读者的主要内容包括：①读者队伍的组织与发展，包括确定读者服务范围与服务重点，制订读者发展规划与计划，定期发展与登记读者，划分读者类型，掌握读者的动态，组织与调整读者队伍等。②读者心理及行为规律研究，包括对读者阅读需求、阅读动机、阅读兴趣、阅读能力、心理活动的研究，读者文献选择行为和文献获取行为的分析，各类型读者需求特点的研究以及读者阅读效果的评估等。③读者文献知识及信息意识的调查，包括对读者文献利用的途径、方式的调查，读者文献利用障碍的分析等。④一定的社会背景下读者文献需求的整体考察，包括社会的发展与变化对读者文献需求的影响、社会环境与读者需求结构的关系等。

（二）组织各项服务活动

组织服务是读者服务工作的中心环节，即充分利用各种图书馆资源，有针对性地采取不同的方式为读者提供文献，以最大限度地满足读者的文献需求。组织各项服务活动，其主要内容如下：①建立完善的读者服务方法体系，包括综合应用外借服务、阅览服务、复制服务、咨询服务、检索服务、定题服务、编译服务、报道服务、展览服务、情报服务等多种方式，有效地满足各类读者对文献不同层次的需求。②电子信息服务，即以电子计算机和现代化的网络技术为服务手段，以网络阅览、检索、参考咨询和查新服务为主要形式，为用户提供电子信息服务。③文献信息调研服务，包括文献信息的分析与综合，对文献信息进行综述、述评、预测、建立数据库等。④文献信息导向服务，即帮助读者解决在学习研究、工作中选择文献的各种具体问题。

高校图书馆不仅为高校教师和统招学生提供服务，而且还扩大到成人教育学生，并逐步走向社会，服务于越来越多的读者。一些高校加大科研力度，也必然导致高校图书馆读者服务工作的增加，在读者对象增加的同时，为读者服务的内容范围也在不断拓展，改变了单一的图书借阅服务，加强了各种文献载体的情报服务，开展了多次文献情报调研、检索、报道、编译、定题等服务。通过导读工作、情报服务、文献复印、外文翻译，读者获取知识时更便捷、更直观，可以大大提高文献利用率。另外，要不断发现和弥补馆藏的不足，在文献采购中统筹兼顾，特别是加大对优秀人文科学各门类书刊的采购，保证人文科学书刊在馆藏中占有一定的比例，使大学生在阅读中不断提高自身的综合素质。

（三）组织各项宣传辅导活动

组织各项宣传辅导活动，可以说也是一种读者教育。在网络时代，必须加强读者的信息素质教育。一方面，读者需要重新认识图书馆，学会利用现代化的图书馆，需要熟悉图书馆不断更新的服务项目和内容，掌握各种检索方式和各类数据库应用系统。主动开展文献信息的宣传报道，有针对性地编制各种书目索引，参与对读者选择文献、检索文献，以及开展阅读内容和阅读方法的指导，组织学术报告活动和科学技术交流活动，及时传递最新的情报信息，提高读者的科学文化知识水平。有计划地开设文献检索课程或讲座，宣传利用图书馆的相关知识，帮助读者学会利用图书馆，充分发挥图书馆的教育职能和情报职能，以吸引更多的读者开发利用图书馆资源。

随着高校图书馆自动化步伐的加快，图书馆工作方式发生了很大变化，光盘检索、网络检索等现代化的信息检索手段，已超越了传统的手工检索。因此，图书馆组织对师生进行现代化信息技术培训，已成为提高师生信息能力的重要途径之一；图书馆还可以向读者提供单项主动型的导读工作及多项主动型的参考咨询服务，通过这些服务，可以促成众多的读者与服务者、读者与读者之间的广泛接触。在培养读者从大量的文献中获取自己所需知识的能力的同时，服务者必须迅速、准确、完整地为读者提供所需要的文献或参考咨询服务，目的是通过双方的共同努力，形成一种具有共识的学习愿望和良好的文化氛围，从而激发读者获取信息的主动性和积极性。

（四）组织管理

读者服务工作的组织管理是以有效利用图书馆资源，充分发挥人力和设备的作用，加快文献的传递速度，提高读者服务工作质量为主要目标。其主要内容包括：①读者服务对象的管理。制定读者发展的政策和计划，进行读者队伍的组织等。②读者服务人员的管理。设置工作岗位、配备工作人员，明确岗位职责、建立业务人员考核、奖评制度等。③读者服务设施的管理。合理组织利用各种设备，改善服务技术条件与手段、确定开放制度，健全读者目录体系，为读者创造良好的阅读环境和条件，保证读者服务工作健康顺利地向前发展。

在现代化的高校图书馆里，除了现代化的硬件设施外，也同样需要现代化的管理手段以及高素质的图书馆管理人员。图书馆馆员的角色由书刊管理员转变为读者的"情报中介人"和"信息导航员"，对图书馆馆员的学识和专业能力要求也日益提高。为更好地挖掘现代化图书馆的潜力，图书馆工作要求工作人员不仅要有丰富的图书馆专业知识和外语知识，还要掌握现代通信技术、声像技术、多媒体技术和计算机技术，成为一个"复合型"人才。

以上四个方面的内容相互作用、相互制约，缺一不可。其中，组织与研究读者是读者服务工作的前提条件，组织各项服务活动是读者服务工作的具体体现，组织各项宣传辅导活动是读者服务工作的基本要求，组织管理工作是顺利开展读者服务工作的根本保证。

三、高校图书馆读者服务的对策

（一）满足读者开展多层次服务

在知识经济背景下的网络时代，图书馆的服务对象和读者需求有了很大变化，图书馆应加大读者服务工作的力度：

第一，开展读者信息需求调研，跟踪、摸清读者需求，如通过电子邮件为读者提供更多反映其意见或提出问题的渠道，或是为远程使用者提供信息咨询服务，最大限度地满足读者需求。

第二，改变原来"为人找书"的简单、静态的服务为动态服务。如经由计算机网络开放馆内各类系统，设立电子邮件信箱，建立图书馆主页或利用相关系统提供信息咨询服务。

第三，采用多手段传递多媒体信息，提供的信息不应仅包括目录、索引、全文等文字，还应包括声音、图像等多媒体信息，把文献不同的传递方法结合起来，作为实现服务模式转型的目标来加以考虑。

（二）加大投入完善配套设备

图书馆的网络设备条件对读者利用信息资源有直接的影响，图书馆应该争取最大限度的资金投入，为读者创造一个良好的学习环境。

第一，加强计算机和网络设备的配置，尽可能多地设置检索终端，在读者产生信息需求时，不论何时何地都能借助图书馆的电子咨询服务获取自己所需的信息，使图书馆真正起到情报交流中心的作用。

第二，适时地改造电子计算机网络技术和多媒体技术，并不断地发展完善这些现代化技术。电子出版物的大量涌现，使电子阅览室应运而生，而且发展很快，有条件的图书馆应建立电子阅览室，利用光盘塔和光盘库管理信息资源，提供高质量的检索、阅览服务。

（三）加强信息资源的组织、开发与利用

丰富的网络信息资源为图书馆信息服务提供了广泛的资源基础，图书馆必须加强馆藏信息资源的开发，加工整理网络信息资源，以提高信息利用率。

信息资源开发应着眼于两个方面：

第一，馆藏资源网络化。馆藏资源网络化就是加快本馆信息资源电子化的进程，开发能够在网络上共享的特色实用数据库。目前，图书馆自建的数据库多数属于书目数据库，随着文献需求专深化程度的不断提高，图书馆应加强自建事实型和数值型数据库的工作，并逐步建立起具有自己馆藏特色的全文数据库，并将其上传网络。这样既宣传了自己，增强了本馆在网络中的地位和影响，也可以实现信息服务社会化、全球化。

第二，网络资源馆藏化。网络资源馆藏化，就是图书馆利用各种电子出版物和网上信息资源，建立便于读者利用的导航系统，变网络资源为馆藏资源。图书馆应主动收集整理网络上的资源，加强对各类型信息的收集、组织和保存，根据读者的需求，提供各种不同形式媒体的信息资源。也可根据读者的需求，对网络上特定领域的信息资源进行系统挖掘，进行有序组织和加工整理，使之有序化，便于读者在较短的时间内取得新颖且正确的

信息。

(四) 加强馆员专业素质与技能培训

随着简单重复劳动被计算机代替和简化，图书馆的工作重点越来越转向为读者做"情报中介人"和"信息导航员"，对图书馆馆员的学识和专业能力的要求日益提高。要想实现与读者的有效沟通，提高服务质量，就需要有一支高素质的专业队伍。因此，图书馆馆员的知识结构要合理、先进，要有良好的敬业精神和优秀的素质。图书馆应采取多种措施，如积极引进人才和在岗培训，改善图书馆馆员的知识结构和能力结构。

为读者服务，是图书馆工作永恒的主题。"服务第一，读者至上"是图书馆的办馆宗旨，满足读者需求是图书馆馆员不懈的追求。当然，这也需要多方面的支持。高校要加大对图书馆的资金投入，及时补充馆藏，加快现代化建设；重视图书馆队伍建设，提高图书馆馆员素质。在知识经济的社会背景下，图书馆只有不断更新观念，提高竞争意识，不断提高图书馆馆员的业务技能和服务水平，才能把服务工作做得更好。

第二节　高校读者服务体系

一、高校读者服务体系的构建需求

构建高校读者服务体系，必须是以科学的态度将相关理论建立在社会需要的基础之上，因为社会的需要是科学研究活动的生命力所在。高校图书馆读者服务体系的理论研究，正是在社会现实需要的基础上产生和发展起来的。

(一) 满足高校读者文献交流活动的客观需要

在现代信息社会中，高校图书馆是传播人类文化知识的阵地，是进行文献信息交流的重要渠道，是不断向社会传播知识信息的"知识喷泉"。在这个社会的文献交流系统中，读者是一切交流环节的终端，是使该系统不断运转的命脉，它不仅影响和决定着图书馆文献交流系统的发展规模、运动方向和整体格局，而且反映着文献交流系统功能发挥的程度。

文献是以文字、图像、符号、声频、视频等为主要手段记录的信息和知识载体，其社会价值只有在不断的交流和利用活动中，才能充分得到体现。"文献交流"，是指人们借助共同的符号系统所进行的知识有效传递。它是人类交流活动中的一个重要组成部分。通过文献的交流，可以实现人类知识的共享，进行新的创造。文献交流是人类知识继承、创造和发展的前提，是新知识获得社会承认并被广泛利用的重要途径。

高校图书馆文献交流的形式：

1. 直接的文献交流

直接的文献交流也称为"非正式文献交流"，是指读者与文献创造者之间所进行的文献交流。它主要是通过人际关系来收集和利用文献进行思想沟通。这种形式的文献交流，可以通过读者与文献创造者之间的直接对话、通信、交换等方式进行，具有明显的个体性和随机性。

直接的文献交流具有以下特点：①文献交流时间短。由于直接的文献交流是单向交流，读者具有明确的文献获取方向和特定的交流环境，无须通过其他中间环节，因而能够以最快的速度获得所需要的文献。②具有高度的选择性和针对性。在直接的文献交流中，读者往往具有迫切的文献需求和明确的阅读目的，能够有目的地进行文献选择。③需求信息反馈迅速。读者与文献创造者之间的直接交流，是一种文献的交互式定向传递，可以根据读者需求的变化及时进行修正。④能够加深对文献内容的理解。如读者可以通过交谈和观察等方式，了解对方的思想，加深对文献内容的理解，从而做出自己的判断和评价。

直接文献交流一般是通过个人自发的、直接联系的方式进行的，是没有组织、没有确定形式的交流，因此也就不可能成为特有的、严谨的、科学的交流体系。此外，其文献交流的范围和数量都是非常有限的，没有整个社会的监督机构来评价其文献的社会价值、客观性和真实性，既不能检验交流的可靠程度，也不能进行文献的有效积累。所以，这种建立在人际关系基础上的文献交流形式始终是一种个体的、小规模的非正式文献交流。

2. 间接的文献交流

间接的文献交流也称为"正式的文献交流"，是指通过文献服务机构进行的社会化文献交流。社会文献服务机构包括以文献的收集、加工、整理、存贮、利用为主要工作内容的图书馆服务系统、档案服务系统、科技文献服务系统等。

间接的文献交流，主要是依靠文献来进行的，即通过社会化、系统化的文献流通，来实现文献内容的潜在价值。间接的文献交流，能弥补直接的文献交流形式中受时空条件、人数或范围的限制和难以进行系统化有效积累的缺陷。具体来说，它具有的特点是：

（1）文献交流的知识可信度较高。由于文献服务机构是社会的文献保障系统，其全部工作的最终目的是为文献交流提供服务，通过文献交流来实现各自的社会职能。因此，对文献的收集、加工、整理并使之有序化，形成科学的文献资源体系，是文献服务机构的主要任务。通过文献服务机构进行的文献交流，具有可靠的知识内容和科学的知识体系。

（2）文献交流范围广泛。间接的文献交流有一个比较突出的特点，那就是通过文献的有序化工作，拓宽了文献交流的时间范围和空间范围。它不再是一对一的交互式定向交流，而是面向社会的多向交流。读者通过文献服务机构，可以获取稳定的、系统的文献信息，从而满足社会化的文献需求。

（3）能够进行系统化的社会积累。文献是人类社会知识的结晶，在现代社会中，知识就是力量。知识贵在积累，人类总是将古今中外人类的一切成果作为自己的起点，去不断地探索、创新。文献充分体现了知识的累积性，反映科学发展的继承性。

文献的间接交流，更能够系统积累人类文明，它通过系统化、科学化的文献加工处理，科学地揭示文献内容，帮助读者深入文献海洋，了解和选择更为有价值的文献资料，从而开发文献资源，并以最快的速度、最优的水平主动提供给读者。因此，促进文献的间接交流是一切文献服务机构工作的出发点和归宿。要做好这一点，就必须加强对读者的研究，掌握读者的需求规律，因为读者是文献交流过程中的终端环节，一切交流功能的充分发挥和交流效果所能达到的程度，既取决于交流的内容、交流的技术，又取决于读者对交流内容的要求，对情报和知识的吸收能力与素质，以及运用知识改善读者本身已有的知识结构，提高认识世界和强化解决实际问题的能力。文献作为一种信息资源，其价值并不一定是显性的，只有在了解读者需求的基础上，依据这种需求和读者可以接受的水平，进行文献信息的开发和有目的地定向传递，才能充分发挥文献的价值。所以，开展读者服务理论研究，是提高文献交流效益的客观要求，是文献交流活动的关键所在。

（二）满足高校图书馆工作社会化的现实需要

高校图书馆必须根据读者的特定需求，主动提供文献，开展多种多样的服务，同时需要提供更加深层次化的增值服务。因此，图书馆服务工作越复杂，越需要进行系统研究，越需要理论的指导。这样，读者服务理论研究就应运而生了。它是图书馆事业发展的现实需要，是提高图书馆服务工作的社会效益和经济效益、为读者提供现代化和社会化服务的客观要求。

二、读者服务体系构建的实施

（一）读者服务机构的职责

合理地设置高校读者服务机构，是高校读者服务工作体系中保证管理信息传递畅通无阻、系统功能不断提高的重要条件。设置高校读者服务机构的主要目的，是限定机构的职责与任务。

1. 流通阅览部的职责

流通阅览部处在高校读者服务工作的第一线，其主要任务是开展外借、阅览服务，为读者广泛深入地利用文献资料而进行各种形式的宣传和报道，并且指导读者科学地利用图书馆，最大限度地提高高校读者服务质量和效率。因此，流通阅览部的主要职责如下：

（1）不断收集、整理、分析、研究高校读者的文献需求信息以及读者的反馈信息，改进服务工作，并积极地、及时地向上级反映情况，成为读者需求信息反馈渠道的枢纽。

（2）负责起草和修订有关外借、阅览工作的规章制度，办理读者借阅证件等。

（3）管理外借书库和辅助书库，并根据图书流通情况，不断改善藏书组织。

（4）管理高校所属的各个阅览室、目录室，负责目录咨询工作，并经常保持外借厅和阅览室的舒适、整洁和安静，为读者学习和阅读创造最佳的环境条件。

（5）负责馆际互借、预约借书、邮寄借书、流动借书等项工作。

（6）协同有关部门组织各种书籍展览、学术报告、读书座谈、图书推荐、新书报道等项工作。

（7）建立和健全有关图书流通、读者需求情况的各种记录和统计制度，开展读者统计工作。

（8）保证借阅时间和阅览室准时开放。

高校读者服务工作是图书馆工作的重心，而流通阅览部则是这一重心的窗口，它直接体现图书馆两个文明建设的风貌，因而必须加强对高校图书流通机构的组织与管理工作，合理配备流通阅览部的人力和智力结构，并制定相应的服务规范，使图书流通服务工作更上一层楼。

2. 参考咨询部的职责

参考咨询部是高校读者服务工作组织与管理的一个重要部门，参考咨询部的主要职责与任务是：

（1）接受读者咨询问题。凡属读者文献咨询、文献知识咨询、文献线索咨询的课题，无论是某一事实或事件，还是某一专题或知识单元的咨询问题，均属于参考咨询部的工作范围。同时应相应建立读者咨询工作台，做好咨询档案记录，为解决读者各项咨询问题创造一切条件。

（2）分析咨询问题的性质。了解读者意图，分析咨询问题的性质，有效地解决读者的各种困难和问题。

（3）解答咨询问题。根据咨询问题的性质，确定咨询途径，正确地使用各种工具书，记录查找过程，并利用口头、书面等方式提供咨询解答。

（4）建立高校图书馆咨询档案。根据问题的不同性质，相应建立读者咨询档案，记录咨询过程并妥善保存。

（5）组织和管理必备的工具书，设置参考阅览室，密切注意科学技术的发展，分析科学研究的发展动态，并根据读者及社会的需要编制各种书目索引，提供二次文献服务。

（6）应建立文献咨询部门和教育辅导部门的联系，在其他各部门的协助下，对读者进行文献检索基本知识的教育和训练。

参考咨询部门人员配备要求较高，只有具备相应的专业知识水平、阅读翻译能力和工具书使用能力的人员才能胜任。

3. 情报服务部的职责

情报服务工作是高校图书馆工作的一项突出任务，它讲求服务的时效性和新颖性，更具有时代性，对高校图书馆馆员的要求更高，尤其是外语能力、现代技术和专业知识水平、分析与洞察问题的能力。该部门的职责与任务是：

（1）根据科学研究与教学的需要，配合采访部门及时收集各种最新的文献信息。

（2）建立情报分析小组，广泛吸收各学科的专家参加情报服务部的活动，形成情报调研网络。

（3）采用各种形式进行科研信息调查和查新工作，制订各种专题服务计划和实施方案。

（4）广泛开展书目服务、定题服务、编译服务、情报调研工作，向读者提供最新的情报信息资料，广、快、精、准地提供情报服务。

（5）研究现代技术在高校图书馆系统中的应用，建立计算机检索网络系统和终端数据库系统，运用先进的科学技术为读者提供服务。

4. 现代技术应用和服务部门的职责

随着科学技术的发展，现代技术应用和服务部门是为适应社会需求而设置的组织机构。其主要职责与任务是根据读者需要提供计算机技术、缩微技术、复制技术、声像技术、通信技术的服务，开展现代技术的管理与利用工作，从深度和广度上开发文献资源。目前，我国绝大多数的高校图书馆，都能根据自身发展的实际情况，组建各种现代技术应用与服务部门。

（二）读者服务借阅体制的确定

借阅体制是读者服务工作开展的一个重要前提条件，也是读者利用图书馆资源的环境条件。因此，必须针对我国的国情，采取以开架为主、开架与闭架相结合的借阅体制，从而满足社会的需要。

借阅体制的类型如下：

1. 闭架借阅

闭架借阅就是图书馆不允许读者入库或在书架上选书，必须通过图书馆馆员提取才能借阅书籍的借阅体制。闭架借阅的关键要素也有两条：第一，读者不能进入书库；第二，读者只有通过图书馆馆员作为传递媒介，才能借阅书籍。一般情况下，读者还须查目录，填写借书单，由图书馆馆员凭借书单到书库取书后交读者借阅。

2. 半开架借阅

半开架借阅是图书馆利用陈列展览的形式，将部分流通量大的书籍或新书陈放在安有玻璃的书架里，读者能看到书脊或书面等，并可浏览挑选，但不能自取，借阅时必须通过图书馆馆员提取。这种借阅体制，也称"亮架"制。半开架借阅比起闭架借阅，对读者放宽了开放尺度：可以浏览书架上的书，减少了查目录、填书单的环节；比起开架借阅，对读者又限制了一层：不能自己取阅，必须通过图书馆馆员传递。而且可供陈列展览的藏书数量只是馆藏流通书籍的一小部分，在外借处、阅览室、辅助书库内一部分地方展出，占用有限的空间，而大部分流通书籍不能采用这种体制。因此，半开架借阅是介于开架借阅和闭架借阅之间的一种辅助借阅体制。国外将半开架借阅称为"准开架式"，这种体制有它独特的作用——便于宣传推荐。

3. 部分开架制与部分闭架制

（1）部分开架制。部分开架制是指图书馆的流通书库在对大多数读者采用闭架借阅的情况下，允许一部分具有高级职称或特殊研究需要的读者，对一部分书库藏书实行有限制的开架借阅方式。这是许多闭架图书馆普遍采用的办法，称为闭中有开的部分开架制，属于开架借阅的范畴。

（2）部分闭架制。部分闭架制是指图书馆的流通书库在对大多数读者采用开架借阅的情况下，对于其中部分藏书和部分读者采用闭架借阅方式。其作用是：既有利于部分藏书的安全保管、长期利用，又有利于有区分地为读者服务。这也是许多开架图书馆普遍采用的办法，称为开中有闭的部分闭架制，属于闭架借阅的范畴。

4. 开架借阅

开架借阅是图书馆允许读者进入流通书库，并直接在书架上挑选书籍的借阅体制。

（1）开架借阅的关键要素有两条：①允许读者入库；②允许读者在书架上选书。

（2）在开架阅览室体系中，有两种开架形式：①自由开架式。自由开架式是指辅助藏书与阅览座位处于同一空间，读者可自由出入，直接在书架上随意挑选并提取所需书籍，就室阅览，不必办理任何借阅手续。②安全开架式。安全开架式是指辅助藏书单独设库，与阅览座位处于两个相互连接的空间，读者可直接进库挑选并提取所需书刊，但要到阅览室阅读，须办理登记手续，阅读完毕后须还给工作人员。这种方式对于读者稍费点时间，但对于藏书的保护则比较好，并能保持安静的阅览环境。

（3）开架借阅体制的优点。实行开架借阅体制最根本的特点也是最根本的优点，就是让读者有机会直接接触馆藏的大量图书，并且通过浏览可自行选借所需要的文献资料。开架借阅确实为读者提供了很大的方便，它能让读者接触大量的文献资料，它的各种优越性都源自这一根本的特点和优点，同时它的缺点也是来源于这个特点。

开架借阅服务的主要优越性具体表现在以下五个方面：①提供文献的充分性。读者直接接触丰富的藏书，能自由挑选适合自己的书籍。②选取图书的直观性。读者与藏书直接接触，能开阔知识视野，提高阅读的积极性。③借阅过程的简便性。读者可以直接参与借取过程，既方便又节省了时间，等待获取图书文献的过程缩短了。④图书流通的扩大性。扩大了图书流通范围，降低了图书馆拒借率，减少了部分藏书不必要的外流。⑤指导阅读的有效性。把图书馆馆员从繁忙的跑库工作中解脱出来，有更多的时间了解读者，开展咨询解答和指导阅读工作。

要想有效地发挥开架借阅的优点，克服其缺点，只有加强管理，采取必要的措施，将丢书、破损和乱架现象减少到最低限度，使藏书得到最充分的利用。

（4）确立实行以开架为主、开架与闭架相结合的借阅体制。在图书馆为读者服务的借阅体制中，无论是开架借阅还是闭架借阅，它们的共同宗旨是方便读者，满足读者的阅读需求，提高服务效率、服务质量，保证读者和图书馆的根本利益。因此，在实际工作中，各图书馆就要根据自身藏书和读者的具体情况来确定借阅体制，而不能盲目地实行开架或闭架借阅体制。目前，我国图书馆在有条件的情况下，可以针对不同的读者和藏书，实行有条件的、局部范围的开架借阅。这实质上也是遵循图书馆藏用结合的规律，实行开架与闭架相结合的借阅体制。

目前，应当根据藏书在读者中的流通情况，以及藏书的使用价值来确定是否实行开架借阅。一般性书籍，利用率高的，复本量大的，可以实行开架借阅；珍贵书籍、单本书籍、利用率低的书籍，以及内容不便公开的书籍，就应该对一般读者实行闭架借阅，对科研读者实行开架借阅。绝对的开架借阅和闭架借阅实际上是不可能存在的。每个图书馆对自己的部分特藏书籍和保存本都是实行闭架借阅的方式。关键的问题在实行开架借阅的藏书选择标准上，要考虑读者的阅读需求，同时也要考虑图书文献的状况，不可一概而论。总之，实行以开架为主、开架与闭架相结合的借阅体制是方便读者，保证藏书安全、有序，能够长期使用的行之有效的借阅体制。

（三）读者服务设施的设置与布局

图书馆要很好地组织读者进行阅读，不仅要有丰富的藏书和高水平的图书馆馆员，还应当为读者提供良好的活动场所、舒适的阅读环境和方便使用的各种设施。这些为开展读者阅读活动所必要的物质条件，统称为图书馆的读者服务设施。读者服务设施的管理主要是指设施的合理设置和布局，既能适应读者利用文献的各种需求，又能方便图书馆馆员开展各项业务活动。

1. 读者服务设施的合理设置

（1）适应本馆主要读者队伍的需求。高校图书馆读者对提供文献的方式的需求具有不同的特点，因而对服务设施的要求也各不相同。如科研人员和高校教师，除了图书外借方式外，还须查阅参考工具书和样本书，因此，有必要设置工具书阅览室和保存本阅览室。

（2）适应各类文献使用与保管的特点。不同类型的文献在使用与保管上各有特点，为使各种文献充分发挥作用，可以设置以各种文献载体为特征的分科阅览室，既满足读者对某些特殊文献的需求，又便于各类特殊文献的管理与利用。如古籍阅览室、中外文期刊阅览室、视听资料室、电子阅览室等。

（3）适应馆舍、人力等现有条件。读者服务设施的设置不仅要适应读者需求与文献特点，还必须根据各图书馆现有的人力、物力和馆舍条件，合理设置读者最需要、最能有效利用文献的设施，以充分发挥现有藏书、设备和人员的作用，最大限度地满足读者需求。

2. 读者服务设施的合理布局

（1）读者服务设施的布局要求。每个图书馆都有各自不同的读者服务设施，这些设施的合理布局，是现代图书馆十分重视的问题，它与提高服务效率有着密切的关系。对服务设施的布局要求是：①缩短读者与特定文献的距离，尽量让读者直接接触各种资源，加快流通的速度；②能充分发挥各种服务方式与服务设施的特点和作用；③读者活动路线与图书馆内部工作的路线互不干扰，方便读者利用和书刊管理。

（2）读者服务设施的区域设置。设置读者服务设施时思想上要注重开放性，结构上要注重层次性。读者服务设施的层次性，体现在以下三个区域的设置：①群众活动区。一般应设在图书馆的入口处，有单独的出入口，以保证不影响图书馆内部的工作和读者阅读。②流通阅览区。应距离书库较近，外借处与目录室应设置在图书馆的入口处；还应设置咨询处，以解答读者提出的问题；阅览室应设在光线、通风均较好之处，应离群众活动区较远。③情报服务区。可设在馆舍的高层，接近基本书库，应尽量避免与读者活动场所相交叉，应体现小而精的风格。

（3）阅览室的空间设计。阅览室是由阅览空间、阅览桌椅、辅助藏书、读者目录及其他阅读设施构成的场所。工作人员是阅览室的管理者、指导者和咨询者，读者是阅览室的查询者和使用者。阅览室的空间设计，应从实际出发来安排其结构。第一，要考虑读者阅读藏书的需要，设置出光线明亮、空气清新、安静舒适的学习和研究环境；第二，要考虑设置适合读者阅读和学习的阅览桌椅；第三，要考虑配备合理数量的阅览座位；第四，辅助书库和藏书结构的设计，要与读者需求相结合，与读者查找和利用相结合；第五，读者目录及检索工具的配置，应作为阅览室辅助藏书的有机组成部分，充分发挥其检索与参考作用；第六，配备适当的视听设施和阅读设施，使读者可以任意选择文献的载体形式，开展多种多样的阅览活动，增强阅览室的综合使用功能。

（四）读者服务工作的开展

1. 读者登记工作

图书馆采用登记卡或登记簿的形式对读者的有关情况进行登记，并发给读者借阅证（卡）以供读者从事文献的选择与借阅。计算机管理的实施，极大地方便了这一工作。只要读者把借阅证在扫描仪上亮一下就可以完成登记手续。

读者登记工作是图书馆与读者建立联系的第一步，也是对读者的组织与管理的主要内容。读者登记的范围通常根据图书馆的性质和类型来确定。

读者填好登记卡后交给工作人员，由工作人员抄录在读者登记簿上，按序号排列，以作为做各种分析统计的依据。

读者登记之后，应发给读者借阅证。借阅证的种类很多，按其用途可分为外借证、阅览证、外借阅览证。借阅证应标明编号、读者姓名、性别、工作单位、职务或职称、通信地址、发证日期、有效期限、借阅规则等，并贴上读者的照片。

由于读者的情况经常发生变化，图书馆应每隔 2～3 年对借阅证进行一次核查清理，重新办理登记手续，以保证读者登记卡的准确性，保证借阅证的正常使用。读者重新登记的办法有三种：一是在借阅证上标明有效期限，到期后，读者自觉办理重新登记和验证；二是事先写出通告或通知，要求读者在一定时间内，办理重新登记和验证；三是请读者所在单位汇总，统一办理重新登记和验证。

2. 发展读者工作

发展读者是一项复杂而细致的工作，需要制订发展计划，确定发展方法。读者发展计划，须依据社会的客观需要与本馆的任务、藏书、人员能力、馆舍条件等，明确发展范围、重点，发展读者总数量，各种成分、各个单位、各种类型读者的具体比例，发展读者的资格条件，发展读者的时间、步骤及其具体措施，做到有计划、有目的地发展读者。

3. 读者规则的制定与执行

读者规则是读者在利用图书馆资源时应遵守的规章制度和守则，制定和执行读者规则是读者管理的重要内容。

（1）读者规则的类型。

第一，读者借阅规则。读者借阅规则是对读者在借阅文献过程中应承担的职责和义务，以及应注意的事项所做出的规定，它对保证文献借阅工作的顺利进行，保护文献不受损失，加快文献的流通速度有很大的作用。其主要内容包括对读者借阅文献权利的规定、对读者借阅册数和期限的规定、对读者借阅秩序和借阅手续的规定、对读者保护文献义务的规定、对读者破坏或遗失文献后赔偿和罚款的规定、对读者所借文献逾期不还处理的规定等。

第二，读者入馆（室）规则。读者入馆（室）规则是对读者进入图书馆某一空间设施的条件、手续和其他有关事项的规定。其主要包括读者入馆（室）的资格、读者入馆（室）的衣着、读者入馆（室）的手续、读者维护馆（室）内秩序的规定及对读者损坏馆

（室）设施或文献处理的规定等。

第三，读者利用图书馆各项服务方式的规则。其主要是对读者利用咨询服务、检索服务、定题服务等高层次服务方式所做的规定，包括对读者利用这些服务方式资格与条件的规定、对读者申请利用这些服务方式手续的规定、对读者与图书馆工作人员相互配合的规定、对读者利用这些服务后信息反馈的规定等。

（2）读者规则的制定与宣传。读者规则的制定要考虑图书馆的性质、任务、服务设施、服务项目的特点；考虑读者的心理承受能力；行文要适宜，所用语言要精练、准确。

读者规则制定出来之后，要对读者进行宣传，让读者了解其内容并自觉遵守。图书馆可采取口头宣传和解释的方式，也可以印刷成小册子或在馆内张贴，以此对读者进行宣传。

（3）读者规则的执行。读者规则制定出来之后，除加强宣传外，还应严格执行，并发挥读者规则的作用，否则就达不到读者管理的目的。执行读者规则，除要求读者自觉遵守外，图书馆馆员应对各类型读者一视同仁，对违反读者规则的行为，要按条文严格处理，不讲私情。

第三节　高校读者服务的信息化创新

一、高校图书馆服务失误的补救建议

高校图书馆服务失误的原因包括：一是人为因素。如馆员的专业素质和服务态度，读者本人的服务期望要求、自身情绪与性格，以及其他读者的素质等。二是服务条件因素。如自助还书或打印设备更新较慢、数字馆藏资源不够丰富等。但无论人为因素还是服务条件因素，都是由于图书馆所提供的服务无法达到读者的预期而导致读者的不满。当高校图书馆出现服务失误时，高校图书馆为能及时保留住读者提高读者满意度而采取的积极的服务补救措施。

高校图书馆服务失误的补救建议如下：

（一）加强读者信任感与认同感

读者对高校图书馆的信任程度和认可程度直接影响读者对于服务补救的参与感，即信任和认可程度越强，参与服务补救行为的积极性越高。对此提出以下三点建议：

第一，提升每一个部门业务服务水平，发挥每个部门独有价值。就部门设置和职责内容来看，各大高校图书馆大多相似。如流通阅览部，是与服务对象即读者打交道的重要部门。除了对纸质文献进行分类及上架整架、了解目前国内高校图书馆纸质文献管理办法外，与此同时还要负责服务中心的常规工作如证卡、借还书处理、日常咨询以及馆藏利用与读者借阅行为分析。因此，是否可以提供读者所需的文献资源，了解读者的喜好，这个部门尤为关键。基于此，高校图书馆方应重视和发掘每个部门独特价值，通过为读者提供更优质的服务来加强读者信任感和认同感。

第二，加强图书馆馆员培训，提高馆员职业素养。馆员是服务读者的主体，馆员的服务意识和职业素养是影响读者对该馆信任感和认同感的重要因素。在对图书馆馆员培训之中，除了加强馆员的服务意识和专业技能培训外，还要重视馆员心理需求，使馆员充分感受到组织的重视和关怀，从而更好地服务读者。

第三，建立定期访问调查机制，及时了解读者需求和想法。高校图书馆应该设立定期调查访问机制，如联合各学院每一学期向学生发放问卷，保证每个学生可以自由表达关于图书馆的意见和想法，从而减少读者的不满，提升读者信任感。

（二）提高读者个人结果期望

读者结果期望一般分为：①物质期望。物质期望如获得奖品、获得某些图书馆服务权限等。②精神期望。精神期望如获得成就感、满足感、他人的认可等。激励政策和个人结果期望对读者参与服务补救行为均存在积极正向的影响。即激励政策越强、读者结果期望越强，读者参与服务补救行为的意向更强。因此，高校图书馆应根据读者实际的激励需求提供相应的激励措施，完善激励制度增加读者参与的积极性。对此提出以下两点建议：

第一，加大激励力度，根据读者需求给予精神和物质奖励，提高读者参与补救积极性。对于那些物质奖励需求比较高的读者来说，高校图书馆可以提供某些权限（如延长还书期限、免费使用收费项目等）、发放礼品、设立读者奖学金等鼓励读者参与高校图书馆服务补救；对于精神激励需求较强的读者，高校图书馆可以通过设置贡献排名榜或对高频贡献读者给予特权荣誉奖等以增强读者的成就感和满足感。

第二，完善激励机制。目前，许多国内外高校图书馆通过制定激励制度提高读者参与积极性。高校图书馆应根据自身运营模式和定位，并结合读者的具体需求，建立长期稳定而有效的激励机制，从根本上提高读者参与服务补救行为的积极性。

（三）引导读者参与服务补救

发挥读者群体在高校图书馆建设中的价值，重视读者群体补救力量，对提高高校图书馆服务质量来说尤为重要。对此提出以下两点建议：

第一，公开讲座或在网上宣传，加强读者主体意识。读者虽然是高校图书馆服务的享用者，但也应是高校图书馆建设的出力人。高校图书馆应通过公开讲座或宣传让读者意识到自己是图书馆建设中的一分子，除了享受图书馆提供的便利服务外，也要为高校的图书馆建设做出贡献。

第二，开展高校图书馆服务补救专题培训活动，增强读者服务补救技能。高校图书馆应举办以服务补救为专题的读者培训活动，在活动过程中讲解一些读者经常遇到但可以通过自身力量进行解决的服务补救方法和措施，提高补救能力，让读者可以更好地参与其中。

二、高校图书馆服务的创新措施

（一）组织管理理念与手段的创新

组织管理创新是对管理人员的理念、手段以及活动的创新。在进行组织管理创新需要高校图书馆改变以往的管理模式，包括摒弃行政层级、采用联合管理模式，坚持以人为本，以服务为核心等，这样才能真正为图书馆开展服务创新提供必要保障。其中关键性的一点是领导核心问题，是否重视创新工作，是否能够改变管理观念，愿意分散领导权力，增强图书馆活动组织能力，积极创新管理手段，多进行联盟合作，开展馆员资助管理等模式。尤其要注重馆员的学习培训能力，提高图书馆馆员的职业服务创新意识与自身素质，注重优化图书馆内部组织结构。

1. 组织管理理念的创新

（1）构建现代化的服务意识。就创新层面来讲，高校图书馆的服务理念就是要树立信息化的服务意识，通过信息技术来打造出高效便捷的服务模式。基于高校以往的管理模式开展的实践活动仅限于储存，服务内容相对单一，服务意识落后，在信息化文献资源层面的服务内容存在严重缺陷。为了树立信息化服务意识，高校图书馆今后将需要着眼于以下两个方面：第一，在管理过程中不断提高信息化意识，逐步形成在文献资源服务过程中积极引入信息技术的观念。第二，在开展工作过程中，我们必须认识到技术成果对图书馆发展的重要性，并利用信息技术来提供具有更高信息化程度的服务。在信息技术背景下，高校图书馆的服务理念就要向信息化方向转移，改变意识观念方能促进图书馆服务模式的发展。

（2）树立正确的人才观念。树立正确的人才观念是高校服务理念当中一个重要的转变思路。不断地引入信息技术来提高高校图书馆的服务，高效化发展，给学生带来优质丰富的信息资源，优化整个图书馆的管理模式，不断地提升工作人员的职业素养以及业务水平。图书馆服务意识是促进教育教学的有效开展是服务意识创新的基本条件，因此强化工作人员的工作意识，提升其专业以及创新能力。

（3）形成信息化优先的意识。信息化优先意识的形成是指图书馆建设过程中信息化的工作要优先开展，主要体现在以下三个方面：①高校图书馆在文献信息查询服务过程中，重点是发展在线式资源文献搜索服务；②引入信息技术，提高服务质量和效率，进而满足师生的个性化需求；③结合高校图书馆的实际工作，与信息化环境相结合，引领当前师生的信息获取模式，利用信息技术缩短图书馆响应服务的时间。在信息化日益变化发展的前提下，将信息技术应用在图书馆中已成为大势所趋。我们必须逐步适应这种情况，并努力在信息化背景下做好文献服务才能慢慢形成信息化优先的意识。

2. 组织管理手段的创新

服务管理的创新模式，是图书馆引用新思想、新技术、新方法重新审视了沿用至今的图书馆管理制度、理念和方法得出的。数字化信息资源和网络化信息组织都促使图书馆在服务管理方面寻求创新，目前来看，这是图书馆持续发展的必然选择。具体有以下三个方面：

（1）革新服务观念。当今，在知识经济和网络信息技术发展变化的条件下，图书管理的观念已经转变为以人为本的图书馆服务意识，即以人为本的管理，有关人员必须意识到服务精神的重要性，以便将这种服务精神充分体现在工作的每个步骤和每个细节中，从而营造良好的图书馆精神氛围。

（2）加强对先进技术的应用。在科学技术的支持下，图书馆工作的系统性和过程性将进一步提高。通过计算机等相关网络技术的应用，使复杂重复的图书馆工作更加高效便捷，并优化了图书馆的管理效果，使整个工作层次更加系统化、层次化。信息技术的支持将高校图书馆"暴露"在开放的信息环境中，极大地拓展了图书馆的服务范围并增强了服务能力。日常生活中的许多移动阅读方法，例如手机和手持式电子阅读器的逐渐普及，已逐渐成为传统阅读的有力补充。

（3）加强对管理人员的培养。高校图书馆规模的扩大，建设需求的提高，书籍数量的增加和定期更新以及信息的频繁更新等，都对图书馆领域的人力资源提出了更高的要求。这不得不使图书馆管理人员必须具有足够的专业能力和全面素养，这样才能使他们能够从容应对。不仅要掌握快速寻找文献作品的技能，还需要掌握计算机数字技术、远程网络通信技术等。而要想从智力和技术层面保证服务管理事业的发展质量，高校图书馆就要把人才培养作为图书馆发展的基础与管理的重要组成部分，建立完善的奖惩制度和管理规程，保证信息和人力资源的有效整合，实现服务质量最大化，服务效率最优化。图书馆馆员也要通过自身努力实现身份转变，从传统意义上的文献资料藏纳、提供者转变为现代信息产品的开发者和传播者。

（二）服务资源创新

图书馆的核心使命是提供文献信息资源保障，在图书馆服务创新体系中发挥着不可替代的作用，在服务资源创新维度层面，需要加强用户的参与程度，以用户需求为准则，进行服务资源的整合与共享。高校图书馆用户群行列正逐步发展壮大，服务资源也如雨后春笋，这就要求图书馆在做好文献传递和优化现有馆藏资源的同时，最大化满足各类用户对知识服务的个性化、多样化需求。

具体措施如下：①整合服务资源，实现图书馆知识服务的共建共享。整合资源，进行技术创新，使得用户获取资源时可以使用统一的界面，方便用户获取知识和信息。②虚实结合，拓宽了图书馆空间服务的领域，创客的兴起，图书馆的发展，为拓展空间服务领域提供了可能。高校图书馆突破了传统服务的界限，通过重新开发和利用闲置的空间互联网技术转向"虚实结合"的空间重建服务。用户可以在所有物理场所和虚拟领域积极主动地参与到图书馆知识服务中，最大化地满足用户对知识服务的个性化需求。

1. 丰富图书馆的服务资源

除了现存的资源库，还需要整合对大量的数据资源，预测潜在的信息资源。在服务内容方面，传统活动（如图书馆藏书管理、图书借阅和发行新书）继续满足读者的需求。

高校图书馆必须更新部分硬件设施，包括检索电脑、打印机等设备，改善硬件设施，同时添加相应的电子资源，以便随时随地通过网络终端为读者提供服务。想要丰富服务类型，除了基本服务之外，还应增添其他扩展服务，在扩展服务的过程中，资源媒体也至关重要，例如微信、微博等大众媒体。

2. 跨地区整合图书馆资源

针对纸质书的存储成本高，长期借阅容易损坏书本，需要大量空间存储纸质书籍的问题，大数据云存储技术可以有效地避免。同时可以实现资源整合以及跨区域共享。

利用虚拟的云空间，云存储技术可以给高校图书馆开放权限，与其他高校将各自的图书资源上传至云端，这样不仅实现了多个高校图书馆的资源共享，还使得任何学校的师生都可以使用云端的资料。通过在线课程、在线咨询等，提高服务质量。另外，云技术不受时间和地点的限制，用户可以随时随地通过移动终端访问云资源。

（三）服务技术创新

随着大数据和物联网等技术的不断发展，"互联网+"服务理念和技术已悄悄渗透到图书馆建设、管理和服务的各个方面。在图书馆中使用新型技术和工具可视为一项创新杠杆，服务技术在整个图书馆服务创新过程中发挥着重要的支持作用。高校图书馆可以利用自身的资源和空间优势，将大数据、物联网、数据挖掘等技术融入图书馆服务创新中，为用户提供智能化、个性化的服务。

大数据分析文献下载浏览数据，用户借用数据，数据库点击率数据和其他资源：在需要时使用物联网实时收集和获取数据；使用数据挖掘技术动态地串联数据并发现其深层使用价值。此外，可以随时掌握用户的动态需求，以增强服务创新的针对性和可操作性。

1. 微信类服务平台的构建

高校图书馆可以基于开放接口开发和构建微信服务平台，实现与大学其他部门的无缝连接。微信提供详细的开发文档和代码示例，用户可以根据自己的需要建立一个满足其服务需求的项目数据库。

2. 微博类服务平台的构建

高校图书馆可以借助微博服务平台全面推送服务功能，用户可以向该平台发送关键字，并立即接收消息的内容，以触发博主作者的预先设置。输入关键字会自动回复消息，使粉丝能够准确获得他们感兴趣的内容。

微博服务平台还支持带有外部链接的图形信息，从而使服务内容更具可扩展性，为大学作者提供个性化的服务创造了便利。高校图书馆可以在微博服务平台上编辑发送关键字，推送相关的服务模块或服务信息。图书馆在编辑微博服务平台提供的个性化服务内容时，还可以提供传统的图书馆服务，包括信息咨询服务、文件借阅服务和活动培训服务。

同时可以添加其他多样化的服务，例如使用此平台获取在线服务或在其他职能部门预订离线服务等。图书馆各部门互相配合，全体人员共同提供服务，建立完善的个性化定制服务平台。这样，高校图书馆的开放式微博服务平台便成为核心服务平台，从而建立高校之间的合作平台。

3. 慕课类服务平台的构建

随着知识需求的变化，慕课图书馆服务将打破传统的学习理念，并使用网络技术来重建和重用知识结构。第一，通过在线学习满足图书馆服务信息化和个性化的发展需求，突破时间和空间的限制，成为集中交流和讨论信息资源的平台。第二，在图书馆教学过程中提供嵌入式服务。根据各高校图书馆的教学资源和特点，通过下载文献信息和免费在线阅读。第三，整合开放图书馆服务，在高校图书馆网站主页上的"慕课资源"或"慕课课程服务"上建立信息模块，加大对慕课平台和课程的宣传力度，推动图书馆服务创新的社会功能向更高的水平发展。

慕课环境下的高校图书馆创新服务与时俱进，发展成为"个性化服务"。高校图书馆服务主要基于工具和仪式的价值，分为五个方面：提供创新的服务期望，创建创新的服务环境，传播创新的服务知识，形成创新的服务订单以及确定创新服务的边界。在慕课环境下，图书馆坚持嵌入式模型，智能地推动用户的专业兴趣和研究方向，并为学习者提供有效的数据信息。另外，利用数据分析、数据仓库、人工智能等手段，智能地查找、决策和讨论信息资源，为高校图书馆的信息库进行知识分类和数据支撑。

4. 新媒体平台的构建

新媒体平台对过去的服务模型和内容的影响是巨大的，并且在整合不同类型资源的需求方面具有明显的优势。在彰显多元化整合特征的"互联网+"时代，新媒体平台的服务可以连接多个领域的创作功能，并与读者完美地联系在一起。

高校图书馆新媒体平台旨在成为一个扩展传统图书馆个性化服务功能的新媒体平台，在实现其功能的同时，也可以实现建立个性化，人性化模型的愿景。此外，新的媒体平台也是多种服务类型，多样的服务渠道以及为用户提供更全面、更个性化的服务。

（四）用户界面创新

随着"互联网+"时代的到来，大学生逐渐倾向于现代化的学习理念和方法，这就要求高校图书馆创新服务方法和内容，并提高服务创新的广度和深度。

高校图书馆网站的服务界面不但要在外观上进行优化吸引用户，而且要在服务内容上为用户提供了多种服务需求。例如，为教师提供图书馆资源信息、教学参考资源，通过新媒体技术的应用，服务内容得以扩展，以更好地满足师生对馆藏资源的需要，信息解决方案、学术合作、数据挖掘等精确性学科专家服务；为学生提供各种学习资源，例如数据库讲座、论文写作和指导。

在服务方式上，需要为用户搭建一个动态、交互式的虚拟服务平台。该界面将图书馆电子资源、馆藏目录、参考咨询、搜索引擎、文献传递、个性化服务等集于一个整体，用户可以使用此界面随时随地与图书馆馆员进行实时交互，门户管理的知识推送服务逐步发展成为借助平台的牵引服务。

1. 提升界面资源与信息优化和更新

（1）加快界面数字资源内容建设。高校图书馆应该重视界面的优化，充分利用各种信息渠道全面丰富图书馆的数字馆藏。在此基础上，加强特色馆藏建设，这是提高图书馆社会影响力和信息服务竞争力的核心方案。这样做不仅可以吸引更多的读者，而且可以充分展示高校图书馆网站的建设个性，而这也是衡量图书馆价值的重要标准之一。

（2）加强用户界面信息资源的更新频率。为了高效应对用户的个性化需求，高校图书馆对海量的数据进行收集、分类和存储处理，在此基础上整合这些信息资源，并能对此类信息进行及时更新，以备读者能在第一时间掌握图书馆的最新消息。只有提高界面的信息资源的更新频率，形成精细有序、最新的资源集合体，才能真正体现图书馆信息资源的价值，真正满足用户信息资源的需求。图书馆信息资源的更新频率将成为高校图书馆发展的主要趋势之一。

（3）加强界面信息共建共享。在当前网络环境下，图书馆联盟合作是图书馆共享服务的延伸。高校图书馆秉承共建共享的理念，建立高效便捷的信息资源共享系统，通过对各高校的信息资源与信息共享系统的优化，使其连接起来，形成了全面、大规模的信息资源传输和共享系统。通过用户界面信息的共建和共享窗口的建立，各大学的图书馆打破了门户的限制。通过对信息共享系统的查询，可以轻松获得用户无法在本库中查询的信息资源。与此同时，图书馆还可以自发地团结起来，通过对本界面的进一步优化，为用户提供信息服务，从而实现真正意义上的信息共建共享。

2. 提供多元化服务界面

（1）增加基于云计算的服务。云计算服务是高校图书馆提供多元化服务界面的一种新型措施。高校图书馆在用户界面可以增加云计算服务，通过界面查询的用户数据，书目数据收集和流通数据来执行各种处理和分析，并可以使用数据挖掘的结果来主动开展有针对性和优化的用户服务。通过大数据、云计算、虚拟化和智能等一系列技术，从基础架构层面有效解决高校图书馆网络信息资源管理和服务中存在的问题，降低管理和服务成本，拓展高校图书馆的信息服务。此外，信息服务从用户的角度降低了获取信息的成本，同时提高了信息的利用率。

（2）深化移动图书馆服务。大力发展、深化移动图书馆服务是构建服务多元化界面的大势所趋。用户的阅读习惯已经在网络环境中发生改变，深度开发移动阅读服务，高校图书馆可以通过借阅者或联合开发应用软件来提供移动阅读服务。大学生通过登录高校图书馆用户界面，手机直接下载图书馆定制移动设备的应用软件，并使用该软件获取图书馆的最新资源。尽管访问原理通常与访问网站的原理相同，但是使用移动设备上的应用程序进行访问将更方便快捷。

（3）开展多样的个性化服务。通过对高校用户需求的调查发现，用户对个性化服务的需求也越来越多。高校图书馆要想提供多元化服务就必须从个性化服务着手：

第一，界面的信息订阅服务。订阅服务也称为 RSS① 服务。主要应用程序包括新书通报、订阅电子期刊等。用户订阅 RSS 服务后，最新信息将主动推送到用户的桌面。RSS 服务基本上可以满足用户的个性化需求，是图书馆提供个性化服务的重要方式之一。

第二，界面的信息推送服务。高校图书馆使用相关技术，根据有关用户访问行为的相关信息（例如浏览记录等）来记录感兴趣的区域，以推断用户的兴趣和需求，并主动向用户推送他们可能需要的信息和资料。通过推送用户的逾期图书信息、用户的借还信息、专题信息推送、馆藏资源等，这样不仅可以减轻用户的检索负担，还能使用户体验到图书馆服务的人性化和个性化。

第三，界面的信息预约服务。预约服务包括资源预约、空间预约和设备预约。资源预订是指对纸质资源的预订服务，例如高校图书馆的书籍和期刊、数字资源等。空间和设备预订是最常见的预订服务形式，包括自学座位、研讨室、笔记本电脑、平板电脑或者其他服务。通过预订管理系统进入，预订者只须通过身份验证即可选择座位和挑选使用时间。预订系统避免了因为排队等候带来的时间浪费，这对学生来说很方便，促使他们更加合理地利用时间。

（4）界面增加智能化的自助服务。诸如射频识别、物联网、无线传感技术和二维代码之类的技术均可以应用于高校图书馆用户界面的自助服务，形成自助借还系统、自助打印

---

① RSS 是一种消息来源格式规范，用以聚合经常发布更新数据的网站，例如博客文章、新闻、声频或视频的网摘。

系统服务等。根据阅读者的兴趣爱好、实际需求，也可以根据图书馆馆员的意愿和行为习惯等自由、灵活地完成书目查询、馆藏借阅、数据检索，文件打印等活动，从而实现读者的自助服务。

（5）拓展界面数字体验服务和空间服务。用户界面数字体验服务的内容包括移动图书馆服务体验、多媒体点播课程、数字经典阅读体验以及新设备的体验服务。网络技术的不断发展和新设备的不断更新使得数字体验服务更能代表高校图书馆敏锐的触角，用户通过高校图书馆网站服务链接，体验更接近其学习和生活环境的服务，来对知识感到更为满足。

越来越多的高校图书馆将注意力转向建设自己网站用户界面提供多元化服务上。图书馆的用户界面可以将数字体验服务与空间服务相结合，并将数字体验服务嵌入高校图书馆的空间服务中，可以使高校图书馆的服务真正融入用户的使用行为当中。

第四节　高校图书馆咨询知识库建设

知识库的概念来源于人工智能和数据库两项计算机技术的有机结合，其中"人工智能"概念自 1956 年被首次提出后，随着计算机技术、网络技术的不断进步，人工智能技术也越发成熟。人工智能是研究、开发用于模拟、延伸和扩展人的智能的理论、方法、技术及应用系统的一门新的技术科学。人工智能亦称智械、机器智能，指由人制造出来的机器所表现出来的智能。通常人工智能是指通过普通计算机程序来呈现人类智能的技术。通过医学、神经科学、机器人学及统计学等的进步，有些预测则认为人类的无数职业也逐渐被人工智能取代。

随着服务对象范围的不断扩大，面对不同的用户可能会遇到同样的问题，为更加快速、及时、有效、准确地掌握用户的信息需求，为用户提供精准的参考咨询服务，图书馆界将知识库概念引入其中，建立参考咨询知识库。目前，高校图书馆参考咨询知识库的发展已经历过三个阶段：第一阶段是包含问题与答案的"案例库"，如大多数高校图书馆都已建立的常见问题解答知识库；第二阶段是只提供咨询知识的咨询知识库，如专家信息知识库、参考源知识库；第三阶段是智能问答系统、问答机器人的出现，国内外已有一些图书馆在构建咨询知识库的基础上开发聊天机器人。

一、图书馆咨询知识库的优势

第一，数据资源更加丰富。人工智能的内在本质为计算，核心是数据。正如人类需要从食物中获得能量一样，人工智能是需要丰富的数据资源。人工智能环境下，图书馆在开展参考咨询服务中，积累了丰富的用户需求数据、历史咨询数据、参考源数据，也能从外部网络获取大量的网站数据、专家数据、学科数据，这些数据都能为参考咨询知识库的构建提供资源支撑。

第二，人工智能技术有助于咨询知识库的组织与规范。相对于元数据、主题图等技术而言，人工智能技术在数据处理、数据加工、数据组织、数据规范等方面更具优势，将有助于咨询知识库的组织与规范。

第三，应用层面更加智能化。随着语义网络和知识扩展技术的发展，参考咨询服务领域已经开始出现问答系统和问答机器人，如内布拉斯加大学林肯分校开发的聊天机器人，能自主提供咨询服务。人工智能由人类设计、为人类服务，最大的体现就是在机器上。人工智能环境下，参考咨询服务领域的智能问答机器人将会更加完善与成熟。

二、高校图书馆咨询知识库建设的目标

（一）知识内容的自动生成

咨询知识库收录的知识内容是咨询知识库的主体部分，这些内容的质量好坏直接关系着咨询知识库的使用与发展。高校图书馆在建设咨询知识库时，将咨询历史记录、常见问题与答案、业务相关数据内容存储于咨询知识库里，由咨询馆员对咨询知识库里的知识内容进行加工、整理与补充，在编辑知识的同时，对知识进行分类、检索，提供相关知识资源的链接，使咨询知识库里的知识资源形成一个有关联的知识网络。由于知识本身的交互性和融合性，咨询知识库的建设应注重知识内容的更新和链接维护，使咨询知识库里的知识网络不断充实和完善，并通过知识推理、知识挖掘等技术，发现新的知识关联，促进新知识的自动生成。

（二）专家资源的挖掘

专家具有深厚的专业知识和丰富的实践经验，各行各业都希望能有专家来解决问题，以提高工作效率和经济效益，然而专家有限，为解决用户需要专家来解决问题的需求，专

家信息知识库应运而生。

专家信息知识库主要存储和管理专家相关信息和知识资源，是一种提供咨询知识的知识库，咨询馆员在获取专家信息和知识资源后，通过加工处理后存储在专家信息知识库中，用户可根据自己的需求获取需要的专家信息。获取专家的信息和知识资源主要有两种方式：①外部收集；②机器自动挖掘。目前主要采用第一种方式。人工智能的发展，能为专家资源的自动挖掘提供技术支撑，高校图书馆在建设咨询知识库时应以专家资源的挖掘为目标定位，从海量信息中识别出有效的、新颖的、潜在有用的专家资源，供用户使用。

（三）知识资源的管理

随着知识经济时代的到来，知识成为重要的资本之一。知识资源管理便是在这种环境下产生的一种全新的管理理念和管理方式，要求咨询馆员在开展参考咨询服务时不仅能获取到有用的显性知识，更要求咨询馆员能够利用自身的智慧挖掘出有价值的隐性知识，并通过知识组织、加工、共享，为用户提供可定制的、个性化的知识服务。

随着大数据、云计算、人工智能等相关技术的发展，图书馆界开始探索更高智能化的图书馆应用。为提高咨询质量，咨询知识库的建设应以知识资源管理为目标定位，在获取知识资源的基础上，加强对知识资源的加工、组织和整合，从而全面开发和利用知识资源。

（四）决策辅助

人工智能环境下，随着图书馆信息化、数字化建设进程的加快及移动设备、智能终端的普及，图书馆的数据信息呈爆炸式增长，用户的信息需求开始变得复杂多样。在这样的背景下，图书馆的参考咨询服务工作也变得立体化和丰富化。

高校图书馆咨询知识库的建设能够对各种咨询方式、咨询工具、咨询问题、咨询记录、咨询知识的综合数据进行有效整合，一方面有利于提高咨询效率，切实提升参考咨询服务质量，加深用户对图书馆的了解，使用户能更加顺畅地使用图书馆的各种设备和资源；另一方面，更有利于图书馆通过丰富的咨询数据来源，了解用户的关注兴趣，掌握用户的信息需求，同时通过对咨询数据的分类整理、统计分析，定期发布咨询报告，为馆领导、咨询馆员提供决策辅助，促进图书馆的管理和服务改进。

三、高校图书馆咨询知识库的主要功能

(一) 知识资源整合功能

图书馆丰富的知识资源是图书馆开展参考咨询服务、满足用户需求、解决用户实际问题的物质基础，对知识资源进行有效整合，是人工智能环境下高校图书馆咨询知识库建设应首先具备的功能。具体来说，可整合的知识资源主要包括以下三个方面：

第一，馆藏纸质资源和数字资源。馆藏纸质资源指图书馆购买的纸质图书、纸质期刊、纸质报纸等；数字资源指图书馆购买的各类数据库、电子图书、电子期刊、电子报纸、多媒体资源及图书馆自建的特色资源数据库、网络资源和开放获取资源等。

第二，业务知识资源。业务知识资源是指图书馆开展的各项业务内容相关知识，如流通借阅、文献传递、馆际互借、科技查新、学科服务、阅读推广、查收查引等服务指南和操作内容。

第三，咨询知识资源。目前我国高校图书馆的参考咨询服务是多层次、全方位的，除传统的馆长信箱、到馆咨询、邮件咨询、表单咨询、电话咨询外，还包括 QQ 咨询、微信微博咨询、系统实时咨询等多种咨询方式，不管哪种咨询方式，都积累了大量的咨询流程、咨询问题、咨询记录等知识资源。这些知识资源来源广、规模大、类型复杂多样，采用技术手段将这些知识资源整合到咨询知识库里，有利于突破时间和空间的限制，充分发现和挖掘出知识资源潜藏的价值，供用户使用，最大限度地满足用户的信息需求。

(二) 知识搜索与发现功能

知识搜索以明确的知识来源为基础，根据用户的需求，反馈最匹配的知识结果。知识发现是从各种原始数据和信息中，发现有效的、新颖的、潜在有用的知识。

高校图书馆咨询知识库在整合各类知识资源后，最终目的是为开展参考咨询服务提供资源支撑，提升服务质量。人工智能技术下的咨询知识库建设应具备知识搜索与知识发现功能。一方面，在明确用户需求后，可通过知识搜索，回馈给用户最准确有用的知识结果，如用户可通过一站式搜索，获取所需的知识资源；另一方面，可通过知识推理、知识挖掘等技术，发现新的知识关联，生成新的知识内容，主动提供给用户。

(三) 问题响应与回复功能

参考咨询服务的核心就是了解用户需求，解决用户问题，将用户提出的问题相关答案

及时回复给用户。随着移动终端设备逐渐成为人们日常生活的重要组成部分，图书馆开展参考咨询服务时开始借助移动通信技术，通过短信推送、微信微博等社交媒体、手机移动图书馆回复用户的问题。

在网络技术、移动技术的推动下，咨询馆员回复用户问题的方式越来越多样、先进和便捷，响应问题的速度也越来越及时和快速。随着人工智能技术的发展，一些高校图书馆将人工智能技术引入参考咨询服务中，开发智能回答系统和聊天机器人，可以 24 小时不停歇，随时对用户提出的问题做出响应和回复。

（四）知识与专家推荐功能

网络环境下，搜索引擎是人们用来获取信息的最常用工具。个性化推荐作为一种信息过滤的重要手段，是当前解决信息超载问题的最有效的方法之一。它能够通过分析用户行为，预测用户的兴趣和需求，将用户可能需要但又无法获取的信息主动推送给用户，并能够以用户为中心，为用户推荐具有针对性的信息，实现信息的"按需定制服务"。

咨询知识库收录的知识内容和专家信息是咨询知识库的主体部分，一方面用户可以通过搜索获取所需的知识资源和专家信息；另一方面，人工智能环境下的咨询知识库建设应具备知识与专家推荐功能，通过分析用户的咨询行为、咨询记录和其他相关信息，预测用户的信息需求，为用户推荐具有针对性的知识内容和专家信息。例如，高校图书馆是为高校师生的教学和科研服务的，咨询知识库可以通过分析教师的咨询记录和研究背景，为教师提供具有针对性的学科专业知识内容。

（五）咨询问题的管理功能

参考咨询知识库是数字参考咨询服务、联合参考咨询服务、移动参考咨询服务的重要基础，为图书馆开展参考咨询服务提供资源支持。用户的咨询记录、咨询问题是参考咨询知识库内容的重要来源之一，这些咨询记录、咨询问题首先要通过咨询馆员的审核，才能正式进入咨询知识库。进入咨询知识库后，咨询馆员可对这些咨询问题进行分类组织和加工处理，也可根据需求对咨询知识库的咨询问题进行适当增加、删减和编辑。

加强对所有咨询问题的有效管理，有利于咨询馆员通过统计分析，发现用户提出的重复性很强的问题和关注热点，将这些重复性很强的问题进行编辑，生成"常见问题"模块，供用户在使用图书馆前进行阅读，可减少重复咨询，提高咨询效率。同时，咨询馆员可以根据用户的关注热点，生成"用户关注热点""精彩知识推荐"等模块，放在咨询知识库首页的显著位置，方便用户浏览。

四、高校图书馆咨询知识库建设的建议

（一）落实人工智能政策，规划咨询知识库建设

高校图书馆咨询知识库建设应落实人工智能政策，加快普及人工智能技术。在人工智能环境下，智慧化馆管理和服务成为图书馆的重要发展方向，为更好地满足用户的要求，就必须加强高校图书馆咨询知识库的建设，不仅能节省人力物力，减少工作人员的负担，还能避免重复咨询，切实提高咨询效率。因此，高校图书馆应转变观念，重视咨询知识库的建设，从人力、物力、财力等方面加大对咨询知识库建设的投入，使工作人员和用户都能认识到咨询知识库在参考咨询服务中的重要性。同时，扩大对咨询知识库的宣传力度，可以通过讲座、微信微博等社交媒体，向用户宣传咨询知识库的使用方法，加强用户对咨询知识库的了解与认可。

（二）结合语音与视觉技术，优化用户界面

咨询知识库拥有良好的用户界面，提供清晰的浏览方式和多维的检索途径，有助于用户更方便快捷地查找、获取所需知识内容。高校图书馆应结合语音识别和计算机视觉技术等优化用户界面，具体措施如下：

第一，为用户提供语义和语音等多维检索途径。很多高校图书馆咨询知识库的检索方式采用的是关键词检索，除关键词之外，可提供其他检索字段。可将已经提供的检索方式与高级检索相结合，使用户可以通过"或""与""非"等逻辑关键词精确描述自己的信息需求，提高信息检索的准确性。目前语音识别技术快速成熟，高校图书馆咨询知识库可利用其增加检索途径。

第二，利用计算机视觉技术适应不同的应用服务场景，利用分类法、主题法，或根据学科属性，对咨询知识库收录的内容进行组织，使同一类别、同一主题、同一学科专业的知识内容集中在一起，构建成机器可识别的知识网络，用户可通过类别名称、主题名称、学科专业名称浏览相关内容；同时也可利用计算机视觉技术适应不同的应用服务场景，改善用户体验。

（三）基于用户反馈和评价，优化人机交互方式

为完善用户反馈和评价机制，高校图书馆可从以下两个方面努力：①设置用户使用后

进行反馈和评价的窗口，使用户在使用咨询知识库后能真实地对咨询知识库的功能、质量、准确性、满意度进行评价，指出咨询知识库存在的问题，提出建议；②鼓励用户以各种方式参与到咨询知识库的建设中去，如允许用户对咨询知识库收录的内容进行修改和补充，经咨询馆员进行审核后进行更新，或允许用户对热门知识、精彩知识进行推荐，但在鼓励用户积极参与的同时，要注重对用户隐私和知识产权的保护。

（四）基于深度学习，加强咨询知识库的内容管理

深度学习是机器学习研究中的一个新的领域，其动机在于建立、模拟人脑进行分析学习的神经网络，它模仿人脑的机制来解释数据，例如图像、声音和文本。高校图书馆应在现有知识内容的基础上，不断充实咨询知识库的收录内容。

第一，注重对知识的推陈出新，对于已经收录的知识内容，不断进行内容更新，从多个维度对知识内容进行补充和完善。

第二，为学科专业服务是高校图书馆的一个重要职能，图书馆可以从具体的学科专业出发，以学科专业或具体的某一个研究内容为主题，收录与之相关的知识内容，甚至包括图像、声音和文本，构建学科知识网络。

第三，可设置"常见咨询问题""知识热点推荐""最新知识推荐""精彩知识推荐"等模块，主动为用户推送常见问题、热点知识和精彩知识。

高校图书馆咨询知识库的建设是一项长期的、持续的庞大工程。目前我国大部分高校图书馆都根据高校的实际发展情况开展了不同阶段、不同程度、不同形式的咨询知识库建设，在数量上已经达到了一定规模。要想推进咨询知识库的可持续发展，从整体上提高咨询知识库的建设质量，就必须建设一套完整的、科学合理的高校图书馆咨询知识库建设的标准和规范，从多个层面加强咨询知识库的规范化建设和统一管理。

（五）利用人工智能技术拓展咨询知识库的功能

高等学校图书馆是学校的文献信息资源中心，是为人才培养和科学研究服务的学术性机构。基于人工智能的高校图书馆咨询知识库的建设，应以知识资源的管理、专家资源的挖掘、知识内容的自动生成和决策辅助为目标定位，具备知识资源整合、知识搜索与发现、问题响应与回复、知识与专家推荐、咨询问题管理等功能，同时应根据高校的专业设置、学科特色、师资分布等实际情况，对咨询知识库的目标定位和功能进行具体分析和设计，使咨询知识库的建设与学校的建设和发展相适应。但高校图书馆的功能和参考咨询服

务的范围在不断拓展，如有些高校图书馆还要发挥智库功能等。

（六）基于群体集成，促进联合咨询知识库建设

共建共享是图书馆界发展的重要理念，高校图书馆咨询知识库的建设也可遵循。群体智能是人工智能的关键技术之一，是设计问题求解算法和分布式系统的理论与方法。单个图书馆的财力、物力、资源都是十分有限的，同一地区、同一省份或同类型的高校图书馆可通过合作，可在群体智能集成基础上建设联合咨询知识库，开展合作数字参考咨询服务，这样既有利于资源共享，提高咨询知识库的使用率，又利于提高参考咨询服务的质量。

（七）加强咨询知识库的安全管理

人工智能是影响面广的颠覆性技术。人工智能环境下，咨询知识库的安全风险增加。为此，专业化的建设队伍是高校图书馆开展咨询知识库建设的重要保障。

图书馆可积极开展人工智能技术与应用方面的培训讲座、研讨会、学习交流会等活动，采取多种措施鼓励馆员尤其是具有计算机背景的馆员进行深造，学习人工智能方面的知识，也可通过引进人工智能专业人才，为人工智能环境下高校图书馆咨询知识库的建设提供支持。在广泛应用人工智能技术的同时，必须高度重视可能带来的安全风险挑战，确保咨询知识库的安全而可靠地运行。

第五章 数字图书馆读者服务创新与发展

第一节　数字图书馆发展

在现代社会中，信息资源成为战略资源，信息产业发展迅速，为图书馆发展提供了良好的机遇。数字图书馆实际上就是伴随着网络的迅速发展而产生的，它体现了数字化社会对信息共享和信息开放的根本要求，是社会信息化发展的必然产物。

一、数字图书馆的背景、产生与形成

（一）数字图书馆的背景

1. 社会信息化发展的必然产物

数字图书馆建设使人类社会信息资源的共享达到一定的高度，为文化传播打开了一扇新的大门。如同工业经济离不开交通和能源一样，数字图书馆也是高科技经济的基础设施和必要条件，数字图书馆所收藏的各类信息对于知识经济的整个过程都是必不可少的。数字图书馆凭借高新技术可以快速地传播文化知识，从而不断推动全民族文化素质的提高，促进社会的进步和发展。

2. 新时代全球文化竞争的焦点

数字信息资源的网上交流具有先天的优势，它拥有一个非常庞大的潜在受众群体。因此，数字图书馆是衡量国家信息基础水平的重要标志。大力加强数字图书馆建设，其意义和影响将是深远的，它是参与国际竞争的坚实文化保障系统，而且为国家创新体系的建立提供了充足的信息流通环境。中国数字图书馆在激烈的网络文化竞争中，为弘扬中华民族优秀文化，抢占互联网上中文信息资源的制高点，将中国文化推向世界发挥着积极的推动

作用。数字图书馆建设工程对于力争在未来的全球性竞争中取得主动权具有重要的社会和经济意义。

3. 有利于带动相关行业的发展

数字图书馆工程不仅是高科技项目，也是跨部门、跨行业的大文化工程。因此，数字图书馆工程的启动必将带动相关产业，特别是信息产业和文化产业的蓬勃发展，并通过知识的有效传播，最终关联到各行各业，从而产生巨大的经济效益和社会效益。

（二）数字图书馆的产生因素

数字图书馆是利用数字网络技术处理、存储、流通各类多媒体文献并提供服务的图书馆。

1. 内在因素

第一，印刷型文献的保存问题。传统印刷型文献存在着变质和自然老化等弱点，加上各种自然灾害和人为损坏，印刷型文献面临着危机和损失，必须利用现代技术将图书馆保存的书刊资料进行数字化。

第二，文献信息的利用问题。图书馆存在的目的是为用户服务，必须实现数字化才能使信息传递更快捷、更方便，服务内容更具时效性和针对性，以满足社会化需求。

2. 外在因素

第一，文献信息资源的剧增。20世纪90年代以来，出版物的数量在不断增长，各种数据库的数量也在迅速增加，容量不断扩大，种类也趋于多样化。光盘出版物作为单独发行的电子信息资源的主流，内容丰富，种类繁多，具有多媒体功能。但这些信息利用效率不高，重复严重，因此有必要利用现代信息技术进行管理。

第二，信息高速公路的建设和互联网的发展。20世纪70年代，图书馆逐步利用计算机进行日常管理；20世80年代末，图书馆自动化系统逐步得到了应用，这大大提高了图书馆的工作效率。随着网络通信技术的不断发展，数字图书馆应运而生。高速的数字通信网络是数字图书馆存在的基础，只有网络进一步发展，才能发挥数字图书馆的作用。分布式管理是数字图书馆发展的高级阶段，它意味着通过互联网可以把全球的数字化资源连为一体。

第三，数字化技术的发展。图书馆数字化技术的直接动因主要有两个：信息载体的数字化；信息传播的网络化。数字技术是实现数字图书馆的支撑技术，信息要在网络上传输，必须先把各种形式的信息数字化，并加以编辑、加工、组织、存储，再运用数字传输技术加以传递，并在需要时将这些数字化信息再还原。

（三）数字图书馆的形成

数字图书馆就是对有价值的文本、图像、语音、影像、软件和科学数据等多媒体信息进行收集，组织规范性的加工，进行高质量保存和管理，实施知识增值，并提供在广域网上高速横向跨库连接的电子存取服务。数字图书馆的形成过程主要包括：①文献资源数字化。数字图书馆的资源都是数字化的信息，将现有的文献资源数字化是建设数字图书馆必不可少的一步。②数字资源的集成。是指利用信息组织和集成手段来对数字化后的各种资源进行整合。③数字资源的共享。数字资源的互联和共享主要是指通过互联网使各个图书馆之间实现了资源共享，也使读者能通过互联网来访问各种数字资源。

二、数字图书馆的特征

第一，资源数字化。在数字图书馆中，所有资源均以数字形式存放在物理介质上，通过网络使用。数字化资源可以是文本、图形、图像、音频、视频信息等。经过数字化处理后，资源的寿命才能延长，信息才能在互联网上流动。

第二，资源虚拟化。数字图书馆是实体图书馆与虚拟图书馆的结合体，是相辅相成的两个方面。数字图书馆在未来的发展中要进一步扩大虚拟图书馆的建设，虚拟图书馆越大，信息的存储量才会越大。人们可以借助有限的实体图书馆操纵和利用具有海量资源的虚拟图书馆。

第三，知识序列化。数字图书馆将图书、期刊、声像资料、数据库、网络等各类信息资源以知识单元为基础使之有序化，或建立方便用户查找的各种规范的知识库。

第四，管理多元化。数字图书馆是一个超大规模的、面向全球信息资源的分布式系统，是大规模的软件工程、网络工程、计算机工程、信息组织工程等的有机组合，所以对它的管理仅靠单个图书馆甚至图书馆界是无法完成的，必须有博物馆界、档案馆界、教育界、科技界、金融界、企业界、商业界等众多行业参与进来。

第五，内容知识化。数字图书馆的服务则加入了知识服务的过程。如图书馆工作人员对一些信息资源进行加工、组织，其中凝结了新的一般人类劳动，即实现了知识增值；又如，数字图书馆还开展数字化参考咨询服务，这种服务是图书馆工作人员能够发挥主观能动性的过程，是一种主动服务的过程，较好地体现了工作人员的知识服务。

第六，利用共享化。数字图书馆是一个分布式的图书馆群体。它把不同地理位置上及不同类型的信息按统一标准加以有效存储、管理，并通过易于使用的方式提供给读者，超越空间和时间的约束，使读者在任何时候、任何地方都可以在网上远程、跨库、跨行业、跨地域获取所需的信息资源，达到高度的资源共享。换言之，"馆藏"资源已不再是"私有"物，而是面向世界任何人都可以享用的资源。但由于受到国家利益和版权等诸多因素的制约，要实现真正意义上的资源共享还有很长的路要走。

第七，传递网络化。互联网是数字信息流动的通道，或者说是信息存储和传递的重要媒介。数字图书馆通过网络将世界各国的图书馆、个人、机构及商业公司连成一体，任何人在一定条件下可以不受时间、空间的制约，在网络终端访问、储存、获取数字图书馆的各种信息资源。网络加快了信息交流与反馈的速度，缩短了信息传递的时间。

第八，检索智能化。便捷的服务是数字图书馆追求的目标之一。数字图书馆馆藏资源是一种以机读格式存储和检索的数字化信息资源，用户只要根据一定的语法规则，构建合适的检索表达方式，计算机检索可以达到很高的水平，即实现信息检索的智能化。这种智能化能满足人们对信息需求、创建、查询和使用的需要。

三、建设数字图书馆的意义

第一，数字图书馆与知识经济发展。现在知识成为生产力的核心要素，知识和信息成为国际竞争和全球知识经济的关键驱动因素。知识的获取、交流与创新能力是提高社会生产力的重要因素。数字图书馆作为信息与知识的一种有效组织形式，将极大地提高人们的知识获取能力与组织的知识创新能力，有利于国家知识创新体系的实现。因此，数字图书馆将从根本上促进全球知识经济的发展。

第二，数字图书馆与国家信息化建设。信息化是我国加快实现工业化和现代化的必然选择。国家信息基础设施是我国迅速提高知识创新能力和国民素质，实现跨越式发展的重要途径，是应对知识经济和全球经济一体化趋势的保障。数字图书馆具有对信息和知识的全新组织、通过网络对用户提供广泛服务的明显特征，因此是国家信息基础设施的重要组成部分。数字图书馆使得人们可以跨越时空限制，获取需要的知识与信息，这将为填平我国与发达国家的数字鸿沟，缩短国内东西部地区间发展的差距做出重要贡献。

第三，数字图书馆与先进文化建设。中国数字图书馆建设的核心是建设我国以中文信息为主的知识资源及文化资源，向全世界充分展示我国优秀的传统文化和社会主义建设的伟大成就，形成中华文化在互联网上的整体优势，从而有力地抵御外来消极文化的影响，促进中华文化向全世界的传播，增强民族的生命力、创造力和凝聚力。

第四，数字图书馆与全民终身教育。图书馆历来是国家教育体系的重要组成部分，数字图书馆所提供的专业化、个性化、网络化的知识与信息服务，将营造出全民终身教育的良好环境，有助于逐步形成社会化的终身教育体系，对于提高我国国民素质，增强公民的信息素养与知识获取能力，加强社会主义精神文明建设，推进学习型社会的形成，实施"科教兴国"战略将起到巨大的推动作用。

第二节　数字图书馆的信息技术

一、数字图书馆的多媒体技术

多媒体技术是利用计算机技术把文本（正文）、声音、图形、图像等多媒体综合一体化，使之建立起逻辑连接关系，并能对它们进行采集、获取、编辑、加工处理、压缩存储和演示。应用于数字图书馆管理的多媒体技术如下：

第一，数据压缩技术。"多媒体数据压缩技术属于多媒体技术持续发展与应用的关键，当前来看多媒体数据压缩技术具备可拓展、高压缩比、可交互等多方面的优势。"① 所以数据的压缩及还原成了多媒体发展的一项关键技术。

第二，多媒体的同步技术。多媒体信息存储实际多半是按各种媒体单元进行存储并进行媒体元素的编码。

二、数字图书馆的用户画像技术

用户画像技术是指分析网络系统中识别的用户信息数据并将其进行分类，将抽象的信息数据转化为可用的数据类型，是图书馆实现用户个性化推荐服务非常重要的技术方法之一。"基于用户画像构建图书馆精准服务模型，以期为用户进行精确服务提供参考，并为图书馆界进行精准化服务提供新方向。"② 数字图书馆应用用户画像技术，优化图书馆的精准服务，具体的优化策略如下：

第一，加强个性化推荐服务，提高智慧化程度。数字图书馆加强对个性化推荐服务的

① 周宁. 多媒体数据压缩技术［J］. 电脑知识与技术，2021，17（12）：200-201.
② 于兴尚，王迎胜. 面向精准化服务的图书馆用户画像模型构建［J］. 图书情报工作，2019，63（22）：41.

重视程度，加大对个性化推荐系统的建设力度。以用户为核心，运用推荐技术，分析用户行为信息，预测用户喜好，针对不同图书馆用户各自的阅读兴趣偏好等个性化需要，为用户提供满足其个性化需要的精准推荐服务。

第二，持续优化用户画像。用户画像是图书馆在进行精准推荐过程中非常重要的一个方法，它可以帮助图书馆全面了解用户的基本信息和兴趣偏好，进而了解用户的个性化需求。随着用户的特征和阅读兴趣等变化，用户画像也需要相应的更新。因此，图书馆应该同步优化更新推荐服务系统，来提升用户的体验，更好地为图书馆用户提供精准推荐服务。在推荐系统优化更新过程中，可以按照变化情况将用户画像做进一步的细分，及时地感知用户的阅读偏好变化，从而更好地适应用户的个性化需求。

第三，注重用户隐私的保护。图书馆应该加强对用户个人隐私信息的保护，让用户增加对图书馆精准推荐服务的信任度，可以更加放心地使用图书馆的资源。图书馆保护用户隐私包括：①对图书馆馆员进行培训，提高图书馆馆员对用户隐私保护重要性的思想认知，在进行推荐服务的过程中要时时刻刻注重用户个人隐私的保护；②完善有力的用户隐私保护的规章制度。

三、数字图书馆的信息检索技术

第一，搜索引擎技术。搜索引擎技术是对数字图书馆的数字资讯加以科学化整合和分类的智能化搜索软件，它不仅可以将书册划分为合理的范围，而且可以智能化地通过作者、关键字词等快速准确地进行搜索，不仅能够体现出数字图书馆的智能化，而且能够方便读者快速地进行查找和阅读，提高工作效率。

第二，信息检索代理技术。信息检索代理技术，是一项主动性很高的，带有主观色彩和痕迹的信息检索办法，它指的是数字化的图书馆技术可以将用户的浏览、搜索记录和痕迹清晰地记录和保留下来，并在用户再次使用的时候，根据之前的浏览记录，借助已经存在的检索服务体系，为用户优先推送可能感兴趣的内容和查找的方向等，具有智能化的色彩。

第三，基于内容的信息检索技术。基于图像的信息检索技术指的是将图形中的信息作为基础，提取图像的核心要素，比如色彩、形状等，再次检索时，只要对这些核心的要素进行查找，便能够实现对图像的快速查找。

基于音频的信息检索技术，它指的是通常通过音量、音色、音调等元素来进行划分，进行提取和分割，在检索之前，需要对音频信息建成索引，再根据其规律等特点进行检索，快速获得查找的内容。

四、数字图书馆的网络信息资源组织管理技术

网络信息资源管理的两种组织模式：①按照等级或主题指南的方式将网络信息组织起来；②用关键词对文件内容进行标引，建立一个可供查询的数据库。开发元数据对网络信息资源进行书目控制也日益成为网络信息资源组织、管理的重要内容与方法。

（一）网络信息资源的组织方式

第一，文件组织方式。文件是一组相关逻辑记录的集合。对信息资源管理来说，较重要的文件组织方式有三种：顺排文档、倒排文档和索引文档。以文件系统来组织和管理网络信息资源具有简单快捷，适合图形、图像、音频、视频等各种非结构化信息组织管理的特点。随着信息量的不断增加，文件系统的管理越来越复杂，文件通过网络的大量传输也势必加重网络传输负载，降低网络信息资源组织的效率。

第二，数据库组织方式。数据库组织方式是将相互关联的网络信息资源以固定的、结构化的记录格式予以存储，以便用户利用关键词进行查询，获取信息线索，进而获取相应的网络信息资源。适用于对大量规范化、结构化的数据进行管理，利用它对网络信息资源进行管理可有效地提高信息组织的有序性和数据操作的灵活性，提高信息的利用效率。同时，数据库以数据项为最小存储单位，用户检索结果是不同数据项的集合，相对于文件方式而言，占用空间减小，从而减轻了网络数据传输的负载。

第三，书目控制组织方式。书目控制组织方式又称元数据组织方式。元数据是关于数据的数据，是全方位揭示网络信息资源的规范性描述基准和格式，是进行信息资源树书目控制的有利方法与工具。该方式揭示网络信息内容和特征的栏目简洁而富于弹性，保证了记录加工的高效率。且这种书目控制方式以联合开发和共同建设为主要手段，使信息资源的作者和出版者也可参与，共同完成对网络信息资源的有序控制。

（二）网络信息资源的组织方法

1. 分类组织法

分类组织法是一种按照科学体系或知识属性描述和表达信息内容，并依类别特征系统排列信息的一种信息组织方法，具有很好的系统性和层次性。网络自编分类体系是指根据网络信息资源的分布状况、用户需求及技术环境等因素构建不同于传统文献分类法的类目

体系。这种方法已被众多搜索引擎所采用，并成为通用性网络信息资源组织方法的主流。这种自编的分类体系主要有三种类型：

（1）主题分类体系。主题分类体系是目前大多数网络搜索引擎使用的分类体系。它采用多级菜单的方式，将经过选择的网络信息资源划分为若干主题类目，将相关主题的信息资源集中在一起，每个类目下又设若干下级子类目，呈等级排列。不同的网站所采用的类目设置受组织者主观理念和用户群客观需求的影响往往有很大差别，类目多寡、详略与取向不同，即使在同名的类目下进行查询，不同的网站反馈的结果也会有很大的差异。主题分类体系以主体聚类，优点是分类标引简单。

（2）分面组配分类体系。该体系利用分面控制词表的理念，将网络信息资源按照不同的标准划分为若干个面，如地域分面、主题分面等。每一个面下分设若干类目，查询时可将不同分面的类目进行组配，形成组配类目，表达专指概念，获取所需信息资源。该体系的特点是类目专指度高，查准率较高，但类目体系编制较困难。

（3）等级—组配分类体系。该体系是等级分类体系与分面组配体系相结合的产物，是指在等级分类体系的基础上，大量采用分面组配方法以满足信息查询和检索的多重需要。这种体系为用户在等级体系中提供不同的检索路径，使用户可以从各自不同的角度检索到相同的内容。

（4）学科系统分类体系。学科系统分类体系是指按学科体系和技术体系构建分类体系。按学科或技术领域及其分支设置为不同级别的类目，用以组织网络信息资源。该体系的特点是按学科聚类，容量大，适合学术性、专业性强的搜索引擎，但分类、标引有一定的难度。

2. 主题法系统组织法

主题法是以主题语言为基础，根据信息的主题特征来描述、表达组织信息的一种信息组织方法。在网络信息资源组织中的使用形式，如使用关键词法组织网络信息。在网络中，各种搜索引擎和数据库检索系统大多采用了关键词法组织信息资源。它们通过人工式自动搜寻软件从网页的题名、摘要及正文中抽取关键词作为索引词，并通过超文本链接指向相关的网络信息资源。网络环境下，利用关键词法组织网络信息的搜索引擎通常能提供的检索功能包括布尔检索、截词检索、字段检索、词组检索、模糊查询。不同的搜索引擎，提供不同的关键词检索功能。有的只能进行关键词简单检索，有的则既提供简单检索又提供高级检索或复合检索。

总之，分类法和主题法是人类用以组织信息资源的重要方法，是从内容本质把握事物之间区别与联系的重要手段。分类与主题的特性关联反映了人类思维的不同侧面并相互弥补。这两者仍然是网络信息资源组织与管理的有效方法，并在不断汲取传统分类法与主题法养分的基础上，适应网络信息的特点而有了新的发展与应用。

（三）网络信息资源的过滤

信息过滤是指利用特定的软件或附加应用程序，根据用户设置的过滤条件对动态信息流进行过滤。信息过滤可以减少用户时间、精力和财力的浪费，减少无效信息的流动，提高网络传输效率。信息过滤是开展和实现网络信息个性化服务的基础。加强网络信息质量控制，建立科学的网络信息资源评价体系和过滤机制成为网络用户普遍的期待和要求。

1. 网络信息过滤的原理与技术

网络信息过滤的原理是识别、跟踪用户在一段时间内相对固定的信息需求，建立用户需求模型，用以描述用户感兴趣的主题；根据用户需求模型利用智能技术对进入系统的信息流进行评价、匹配，决定将要传递给用户的相关信息，并及时、主动地通知用户；用户浏览结果，提供相应回馈，并改进、更新需求模型。信息过滤过程实现的关键是用户信息需求模版的建立和信息过滤算法的确定。具体实现技术涉及如下两个方面：

（1）用户信息需求获取与表示技术。

用户信息需求获取与表示技术可通过用户填写表单提交关键词，在用户终端运行信息代理跟踪用户的信息使用行为与习惯，确定用户的需求和选择倾向，自动生成个性化知识库。另外，还可通过收集用户的信息反馈等不同方式获取用户信息需求，并归类整理形成用户需求模型。

（2）信息过滤技术。

第一，布尔逻辑模型。基于布尔逻辑模型的信息过滤是运用布尔逻辑运算符将用户需求与信息文档关键词按需要的布尔逻辑关系进行组织与匹配，具有易生成、易使用、过滤全面性好的特点。

第二，向量空间模型。基于向量空间模型的信息过滤将信息文档看成是由几个特征项组成的向量，每个特征项都被赋予一个权值以表明它的重要性，通过逐一比较信息文档与用户需求向量的相似程度，把命中结果排序返回给用户，从而提高了信息过滤的准确性。

第三，神经网络。在基于神经网络的系统中，信息过滤的对象采用神经元节点表示，它们之间的关系用互联权值表示，信息的处理是由神经元之间的相互作用来实现的，网络的过滤和识别取决于各神经元连接权值的动态演化过程。

第四，遗传算法。遗传算法是一种模拟自然进化过程、寻求最优解的方法，即随机产生若干初始染色体，并组成一个种群；利用评价函数对初始染色体进行评价，筛选出较优染色体组成一个新种群，并对之进行交叉操作、变异操作，进而产生新的染色体——后代；对后代重复进行以上操作，产生最优染色体作为优化问题的最优解。采用遗传算法进行网络过滤可获得用户理想的结果。

第五，机器学习技术。机器学习是研究机器模拟人类学习方法获取知识、积累知识并提炼和转换知识的过程。机器学习通过记忆、传授、演绎、归纳等学习策略，利用系统初始知识库去理解外界信息源提供的信息，在此基础上产生新知识，丰富和完善原有知识库。应用机器学习方法，可以识别、扩充和预测各种用户的兴趣或需求，从而有针对性地、准确地向用户提供经过优化的信息，满足用户的个性化需求。

2. 网络信息资源过滤的类型与方式

（1）根据过滤主体，可分为用户过滤、信息服务提供商过滤、网络管理员过滤及多方联合过滤。

（2）根据过滤客体，可分为基于网络信息内容的过滤和基于网络信息资源网址的过滤。

（3）根据过滤系统所处位置，可分为代理服务器过滤和客户端过滤。

（4）根据过滤系统所应用的软件，可分为使用专门过滤软件进行的过滤和使用网络附加应用程序进行的过滤。

（5）根据过滤的功能，可分为主动过滤和被动过滤。

（四）联机检索技术

联机检索是用户利用计算机终端，通过通信网络与联机检索中心的中央计算机联机，向联机信息中心发出请求，进行检索的一种检索方法。一个联机检索系统应该包括检索终端、通信系统以及联机情报检索主系统。

联机检索系统的服务方式如下：

第一，追溯检索。这种检索不仅能查找最新情报资料，而且可以追溯查找数据库存储年限范围内的有关文献。由于追溯检索一次就能掌握相当长时间以来所积累起来的某个专业的全部资料，因此，它特别适合于申请专利、撰写评论文章以及从事新课题研究等需要全面系统地掌握有关文献资料的用户需求。

第二，定题情报检索。定题服务可使用户及时掌握某一学科最新水平和发展动向，而且费用也较低。

第三，联机订购原文。联机检索得到的情报信息，大多数是原始文献的索引、题录和文摘，用户如果需要原始文献而在本地馆藏或国内馆藏又查不到时，可以向联机服务系统订购文献原文的复制件。

第四，电子邮件服务。利用电子邮件便于用户与用户、用户与系统之间互相交流。

第三节　数字图书馆的读者服务

一、数字图书馆服务的特点与内容

（一）数字图书馆服务的特点

与传统图书馆相比，数字图书馆有其自身的特点，同时数字图书馆服务的特征如下：

1. 服务对象社会化

数字图书馆通过网络连接各地，服务范围相应扩大到网络所连通的任何地方。因此，其服务对象不分年龄、不受时空限制，只要拥有计算机终端并接通互联网，都可获得数字图书馆所拥有的所有信息资源。数字图书馆的用户已远远超过了传统图书馆中物理意义上的进馆人数。数字图书馆的服务范围已经由传统图书馆的一馆一舍模式转为向全社会开放，其服务对象的信息需求也从面向某个图书馆或文献情报中心而转向整个社会。

2. 服务资源共享化

数字图书馆允许多个读者同时存取同一信息资源，不受资料实际存放位置或复本数量的限制；读者只要通过查问联机目录和检索数据库确认了所需资料，图书馆就可将以字符编码形式或电子页面图像形式存储的文献信息传输到远程读者的工作站，供读者浏览或经授权后打印。

3. 服务内容数字化和多样化

在数字图书馆里，一切信息都是由计算机管理的。各种载体形式的原始信息通过数字化技术转化为数字形式，并利用计算机网络和多媒体技术统一存储、传输和管理。数字图书馆的资源不再局限于自身采集收藏的文献范畴，它还包括那些利用网络所获得的、本不属于图书馆自身拥有的信息资源，即各类型数据库、多媒体信息、网页以及与其他信息资源的链接，还包括蕴含各种信息和知识的产品以及掌握知识的人等。

4. 服务项目高层次化

知识增值与智能重组，提供个性化主动服务是数字图书馆的主流服务。数字图书馆将实现由文献提供向知识提供的转变，即实现以书本为单元的低层次服务向以知识为单元的高层次服务转变。数字图书馆信息提供的知识化将会为广大用户提供"知识仓库""学术银行"。由于信息加工的知识化、智能化和完备的检索系统的建立，使数字图书馆能够为用户一次性提供所需某一主题的目录、论文和著作的全文、照片、图像、声音等各种知识信息，由信息提供的分次满足转变为信息提供的一次满足。

5. 服务方式多样化和主动化

数字图书馆将成为数字化信息服务的中间提供者。首先，数字图书馆利用自身的网络站点，将自己丰富的馆藏信息展现在读者面前，向分布在世界各地的读者提供信息服务；其次，通过网络以及方便快捷的搜索引擎引导读者查找世界各地的数字化信息资源；最后，数字图书馆所提供的信息内容不再局限于目录、文摘等，而是多方位地提供全文信息浏览、数据软件下载、声频视频点播等多媒体信息的服务。此外，数字图书馆还通过电子邮件等方式提供专门信息咨询服务。数字图书馆是一个将收藏、服务和用户集成在一起的环境，它支持数字化信息整个生命周期的活动，包括生成、发布、传播、利用和保存。它提供的服务是主动型的，随时发布和传播各种信息资源的消息，它不断地、主动地为读者提供所需的各种信息资源，提供导航式和个性化服务。这样，图书馆服务模式就由被动式转变为主动式服务。

6. 服务手段网络化

高速且高效的网络传输给信息服务带来了崭新的变革，数字图书馆依赖网络发挥其强大的信息服务功能。数字图书馆的读者服务工作，包括网上学科导航系统的制作、网页制作与维护、数字化资源的宣传与推广、读者利用数字资源的培训、网上咨询工作、各种请求的处理和转换、数字资源的传递等，都是通过网络来实现的，图书馆与读者之间通过网络实现远距离交流，各类图书馆之间也是通过联网实现远距离网上合作的。数字图书馆信息资源上网，变独享为共享；信息服务进网，变手工服务为网络服务；信息服务机构联网，变单体为组合，即是一个全新的开放性网络服务系统。

7. 服务流程一体化

服务流程一体化是网络环境下信息服务普遍追求的一种服务模式。对读者而言，一体化的信息服务是最理想的服务，因为它能够融咨询功能、文献检索功能和文献提供功能为一体。读者通过网络登录有关数字图书馆网站，签字、提交查询后，数字图书馆服务器就会根据用户的要求帮助用户查找；通过数据转换，将查询结果展现在用户面前，在用户的终端上便可完成整个流程。

8. 服务的产业化

数字图书馆可利用其本身信息资源的优势实现信息服务商业化、产业化。随着文献信息数字化、服务手段多样化和计算机网络技术的广泛应用，数字图书馆已不再是传统意义上的文献信息的存储和传递中心，而是拥有各种资源、数据库和信息服务手段的现代"信息中心"，具备了信息服务产业化的基本条件。将市场观念和效益观念引入数字图书馆，促使其信息服务向产业化转变，必将产生良好的经济效益。

（二）数字图书馆服务的基本内容

数字技术提供了从根本改变图书馆的用户对象、开放时间，以及所提供的服务类型的可能性，因此数字图书馆相比传统图书馆，既扩大了服务的内容，又增强了服务功能。数字图书馆服务的内容可以概括为如下方面：

1. 数字化检索服务

数字图书馆最基本的访问服务是馆藏检索。对数字化馆藏的要求是目录应与馆藏本身无缝连接。其中，馆藏不仅包括各种数字化的馆藏信息，还包括各种数据库资源、镜像服务资源以及经过加工整理后的网络信息导航检索。

2. 数字化参考咨询服务

参考咨询服务是数字图书馆信息服务的一项重要内容，数字图书馆应深入社会各阶层，加强与用户的联系，了解用户的需求，开展参考咨询服务。传统图书馆行之有效的参考咨询服务，在数字图书馆环境下拓展为基于网络的交互式智能化咨询服务机制。主要有以下形式：提供多层次的咨询服务接口，包括 FAQ 链接，帮助与指导手册，用户讨论组以及通过电子邮件或网络论坛等交互方式实现用户与虚拟咨询员的在线或离线讨论；对用户的网络信息检索过程进行现场智能化引导，检索失败时，提供有效的解决方案和操作指导；针对用户的信息需求进行智能化推送服务，这是一种在用户的检索过程中自动提供与用户需求相关的新资源、新服务介绍和链接的现场报送方式；设立交互式咨询台，直接解答用户输入的疑难问题。

3. 信息筛选和选择型传播服务

信息选择性传播或定题信息服务在资源提供的丰富性与服务手段的方便、快捷、智能化等方面具有传统图书馆不可比拟的优越性。数字图书馆充分利用了现代化的信息技术手段和丰富的馆藏信息资源以及互联网信息资源，能够深入社会生活的各个方面，了解用户的信息需求，为用户提供更优质的定题信息服务和专题信息服务。采用电子邮件式报送、网页式报送、专用信息发送与接收软件报送等互联网信息推送技术向用户定期提供事先选定的专题信息。

筛选服务可以通过编制原始信息的摘要向用户提供增值服务。信息筛选的有意义的延伸是利用数字图书馆固有的连接性能来进行合作筛选。在筛选中，用户对馆藏信息进行评定，这些评价又为广大社区所共享。因此，热门的内容就很容易被找到，人们能通过相似的概要特征找到别人已发现的有用信息。

4. 用户教育和培训

对用户进行教育和培训是数字图书馆信息服务的一项重要内容。数字图书馆将把正规、非正规和职业学习过程更紧密地综合在一起。数字图书馆提供了打破学校围墙的新机遇，使人们无论在哪里、无论什么时间想学习，都可以学习。除了提供丰富的学习内容，馆员还可以帮助用户获取寻找信息的技巧。数字图书馆支持合作性远程学习，并在帮助参与者准确提出问题、寻找相关材料以及解释和应用信息等方面提供中介服务。

二、数字图书馆的虚拟参考服务

（一）虚拟咨询服务的特点

虚拟参考咨询服务是一种基于互联网的帮助服务机制。通过它，用户可以电子的方式提出各种问题，请求网上的"信息专家"给予回答，而信息专家的回答也以电子的方式反馈至用户。虚拟参考咨询服务是一项基于互联网的服务，不受系统、资源和地域等条件限制，能利用相关资源通过专家为用户提供 24 小时不间断服务，并能使用户在限定的时间内获得可靠答案的新型虚拟咨询服务。其实质是通过网络化、数字化的手段为用户提供咨询服务，帮助用户获取所需信息。

虚拟咨询服务具有两个明显的特点：

第一，区别于传统图书馆参考服务中用户与参考馆员直接面对面的或电话式的信息传递方式，虚拟咨询服务中用户的提问和专家的回答采用了当今主流的网络信息交流工具。

第二，区别于一般网络信息搜寻过程，虚拟咨询服务是以多主题领域的信息专家直接响应用户的各种提问，是一种人工协调的提问—回答服务。专家对用户提问的回答可以是直接、事实性、知识性的最终答案，也可以是印刷版、数字化的源信息的指示线索，或者是两者的有机结合。

（二）虚拟参考服务的基本条件与工作机制

第一，虚拟参考服务的基本条件。虚拟参考服务的实现必须具备的基本条件是：计算机网络环境、数字化参考咨询服务系统、数字化参考咨询员、资深的参考馆员。

第二，虚拟参考服务的工作机制。其工作机制主要步骤包括：①问题接收。以各种电子方式接收用户的提问。②提问解析和分派。③专家生成答案。④答案发送。专家回答问题后，答案粘贴在系统的回答页面供用户进行查询浏览，当然，答案也可直接发送至用户电子邮件信箱。⑤跟踪。跟踪通过所记录的提问信息来了解每个问题的处理情况，如需要，可随时将当前处理的状况通报给用户，而每个问题回答后，须将问题和答案进行存档，以便日后查询，这样就逐步形成了供检索的知识库。

（三）虚拟参考服务的模式

1. 静态的网上咨询服务

静态的网上咨询服务方式中，咨询服务的提供者与接受者之间不发生实时的动态"接洽"，内容包括借阅须知、书目查询、查找资料、网上新书通报、图书馆布局、常用资源介绍、学科导航、读者服务与读者指南、数据库等。

2. 基于电子邮件的虚拟参考咨询服务

基于电子邮件的虚拟参考咨询服务是虚拟参考咨询最早、最简单，也是最流行、最易实现的模式。

（1）最简单的形式通过链接直接进入，接受咨询的一般为参考咨询部门，参考咨询部门收到提问后，通过各种途径，将取得的直接结果信息或者是获取这些信息的途径与方法仍然通过电子邮件传递给读者。

（2）服务形式是幕后的参考咨询馆员可以呈现在读者的眼前，使读者对各位参考咨询馆员的简历和咨询学科一目了然。读者可根据需求的学科范围，有针对性地选择咨询专家。读者填写提问表单提交或发送，问题通过电子邮件传递给相应的参考咨询馆员，不久，读者就能得到满意的答复。这种形式的服务，一般要求建立一个管理中心或由专人负责。读者的提问和参考咨询馆员的回答在系统设计时都会同时传递到管理中心，管理中心负责统计问答数据和读者信息，协调各参考咨询馆员的网上参考咨询工作。如果参考咨询馆员不能回答读者提问，管理中心或分派给其他咨询人员或自己回答读者提问。

3. 基于实时交互技术的虚拟参考咨询

基于电子邮件的虚拟参考咨询，不能实现传统面对面咨询中实时交互的功能，人们开始寻求用新的技术和方法来提供能够实现实时交互的虚拟参考咨询服务。

虚拟参考咨询采用的技术可以是网络聊天室、网络共享白板、网络会议和网络呼叫中心。建立虚拟参考咨询服务的聊天室，在图书馆网页上增加此虚拟参考咨询服务的链接。开设不同学科的小聊天室，参考咨询馆员是每个小聊天室的主持人，并对系统有一定的管理权限。读者通过浏览器进入图书馆网站点击"实时虚拟参考咨询"链接后，就启动了这个聊天性质的咨询系统，双方可进行文字形式的咨询交谈和传递咨询结果。

利用网络共享白板或网络会议技术可以让读者与参考咨询馆员通过图像和声音实现面对面的有声交流，又是另一种形式的实时交互虚拟参考咨询。系统除了聊天模块，还可同时开启浏览窗口进行数据库检索，并将结果拷贝到聊天模块和白板上进行传输。这样，参考咨询馆员与读者可以面对面同步交流，及时显示图像和文字，达到读者到馆与咨询馆员当面交流同样的效果。

利用网络呼叫中心应用软件，可以集合电子邮件、聊天室、网络会议功能，并将它们与网页共享和应用共享技术相结合。系统提供咨询馆员一对一和一对多的咨询形式。在咨询过程中，双方可以实时传输各种格式的文件，参考咨询馆员可以通过系统同时向多个读者演示和讲解信息检索过程，实现类似远程互动教育的模式。

4. 网络合作化的数字参考咨询服务

网络合作化的数字参考咨询服务是由多个图书情报机构联合起来形成的一个分布式的虚拟数字参考服务网络，面向更大范围的网络用户提供的一种数字参考服务。它以浩如烟海的互联网资源及丰富的图书馆馆藏资源为依托，以全球图书馆及相关机构的数字网络为桥梁，以一批参考咨询馆员和主题专家为后盾，通过一定的咨询服务系统，为在任何时间、任何地点提问的任何读者提供参考服务。

由于电子邮件和实时交互参考咨询的方便性和快捷性，很容易带来咨询请求量的急剧增加，参考咨询馆员也越来越多地遇到超过自身知识能力和图书馆可利用资源有限等难以一下解决的复杂问题。为了解决这些问题，及时、高效地为用户提供高质量的信息，各个图书馆在这项工作中产生了网上资源共建共享协作的理念，充分利用各馆的馆藏资源特色和参考咨询馆员的人力优势，开展跨专业、跨地区、跨国界的全球性的参考咨询协作。基于这种想法，人们开始探索利用网络技术建立多个机构甚至多个系统的合作化的虚拟参考咨询服务系统。

三、数字图书馆的主动推送服务

推送技术应用于浏览器，是服务器主动向客户机传送信息。推送技术实质上是指一系列的软件，这种软件可以根据用户提交的用户兴趣文档自动收集用户最可能感兴趣的信息，然后根据用户指定的时间间隔，将信息推送到用户的计算机上。

推送技术的核心思想是建立一个信息代理机制，把由客户端担负的责任转给服务器，由服务器将用户定制好的感兴趣的网上信息用推送或网播的方式直接传送到用户面前。推送客户机软件要求用户必须预先在代理服务器端注册进行信息的初步定制，并向服务器提交个人需求信息。用户在初次使用时，要设定自己所需的信息频道，定制信息将通过互联网自动传播给用户。服务器端主要由一个网络信息收集器和基于内容的缓存系统来管理网上的动态信息，同时利用自动分类、信息过滤和推送技术为不同的用户整理和提交富有特色的各类信息。当一个服务器通过使用推送软件向客户端推送信息时，推送中介软件（链接推送服务器到客户端的软件）会通过网络的一致性、可靠性、安全性完整地传送信息。

（一）信息推送技术的服务形式

信息推送技术的服务形式一般有以下四种：

第一，通知。推送技术的最基本形式是一个简单的通知，如电子邮件。针对这种服务，用户可控制它通知的形式、时间间隔等。通知并不具备很强的交互性和强制性，对资源和信息流量的要求不高。

第二，提要。比简单的通知智能化程度更高的推送技术是提要。提要可实现查看网页或其他信息源，寻找需要匹配的信息，并向用户传递信息。用户要以关键词、日期、数值、比较规则以及其他查询条件提供要查找的信息。提要有很多后台进行的处理活动，不仅是给用户每天一次的报道，它的处理活动还要受查找条件的制约，这些后台处理过程与用户的联系是不可预测的。

第三，自动拉出。它有一组可供用户经常查看的网页。自动拉出将获得所有这些网页，并保存起来供用户以后阅读。自动拉出可以获得许多材料，用户还可以通过电子邮件接收这些材料，或至少通过电子邮件知道这些网页是为个人编制的。

第四，自动推送。自动推送能够根据自身的刷新时间表发布信息。用户可以预订推送信息服务，但需要在网页上连续收听广播。在一般情况下，这种服务要求在用户终端上装有特殊的客户机软件，定期发出更新请求。如果用户不在网页上提出服务要求，将得不到任何服务。利用自动报送，用户得到的可能是全屏报道，或在屏幕底部显示大字标题。这种级别的报送技术有很多交互性，用户可以选择需要查看的信息流，也可以精选发送的信息，或者试探发送用户可能感兴趣的其他信息。

（二）信息推送的实现方式

基于不同的技术，信息推送有不同的实现方式。

第一，邮件方式。用电子邮件方式主动将有关信息推送给已在列表中注册的用户，这种方式只要实现基于互联网的电子邮件发送系统。

第二，基于公关网关接口的推送方式。这种方法是使用服务器扩展公关网关接口来扩充原有网络服务器的功能，实现信息报送。这种报送方法是一种最弱意义上的报送，通过这种方法可以获得个性化定制的信息。实质上还是拉取技术，只不过在用户看来，就像报送一样。其基本原理是：网站把超文本标签语言表单嵌入网页面中提供给用户，用户在浏览页面时填写并提交进行订阅。由服务器上的公关网关接口命令文件处理后，动态地生成所需的超文本标签语言页面，最后由网络服务器将特定信息传送给用户。

第三，客户代理方式。这种方法是通过代理服务器来收集用户的兴趣信息，并与信息提供商建立联系，遍历相关站点，收集用户的兴趣内容，然后报送给用户。基于客户代理的推送方式需要为其资源列表和资源的更新状态等信息建立相应的频道定义格式文件并置于网络服务器上。从用户的角度来看，服务是透明的，也易于实现。这种实现方式中，主动服务由客户代理提供，因此可将其称为"智能拉取"。

第四，频道方式。它提供包括服务器推送技术、客户部件及开发工具等一整套集成应用环境。它将某些站点定义为浏览器中的频道，用户可以像选择电视频道那样去选择收看感兴趣的、通过网络播送的信息，而且还可以指定其播放时间。在这里，服务器推送提供主动服务，负责收集信息形成频道内容，然后推送给用户；客户部件则主要负责接收到来的数据及提交指令，并对数据进行处理。通常服务器对信息进行分类组织，先将信息量较大的数据推送给用户，若用户需要详细了解某一方面的信息，则再次获取该项内容。因此，这种方式减少了传输的数据量，有效地提高了信息获取的效率。

（三）推送技术的工作流程

通过对推送技术的概念和推送方式的分析，可以看出信息推送技术的工作流程如下：

第一，建立用户需求数据库。用户需求在这里完成注册，表述自己的信息需求，经过统计分析，便于做成一个有效的电子身份证，向用户提供主动及时的信息服务。

第二，建立信息库。信息库负责收集信息，并对信息进行分类整理，确定标准，把个性化的信息标准制定出来，使大量信息遵循这个标准进入信息库。

第三，服务器的信息推送。服务器根据已建立的用户和信息的对应关系，用户接收各种信息的最佳时间和方式等，在适当的时间将适当的信息主动推送到用户的计算机上。

（四）数字图书馆中的推送服务

在数字图书馆中利用推送技术可以改变其服务方式，推送技术可将实用的信息"推"给感兴趣的用户，使用户可以坐等信息到来，它可以实现数字图书馆信息的传播与发布，从"读者找信息"转变为"信息找读者"的服务方式。

数字图书馆采用"推"技术，不仅可以主动地面向整个网络用户服务，还可以从技术上主动锁定一批特定用户群，为他们提供专题信息服务。这不但提高了信息服务的效能，还节省了用户在网上漫无边际查询信息的时间。对于一个数字图书馆的站点，只要建设一个专业信息服务频道，就能够面向自己的用户开展具有很强针对性的主动信息推送服务。

数字图书馆信息推送服务的一般工作原理为：

第一，用户初次登录到数字图书馆站点，提出获取主动推送信息服务申请。

第二，数字图书馆的网络服务器发送一个申请表单给用户，具体项目包括用户名、密码、所需信息的主题、关键词、推送信息的地址、推送周期等。

第三，用户填好申请表后，提交给数字图书馆网络服务器，服务器将用户的特征信息、查询要求等传送给"推送服务代理"。

第四，"推送服务代理"根据用户的请求信息，在用户特征信息库和用户信息库中分别增加一条记录。

第五，"推送服务代理"根据用户要求，定期将用户的查询要求传递给"查询代理"。

第六，"查询代理"根据"推送服务器代理"传送的用户要求，定期检索相应的数据库，并将查询结果返回"推送服务代理"。

第七，"推送服务代理"按照用户的要求，定期将最新信息推送到用户指定的地址。

四、数字图书馆的定题服务

定题服务，即信息的选择性传播，是信息工作机构根据一定范围内的用户对某领域的信息需求，确定服务主题，然后围绕主题进行文献信息的收集、筛选、整理，以定期或不定期的形式提供给用户的一种信息服务业务。

定题信息服务充分利用社会的信息资源和经过开发而存储于检索工具或系统中的信息，通过检索、查找，集中所定主题的现状、成果和发展方面的文献、事实或数据，对其进行重新整理、加工后提供给用户。通过定题信息服务，可以大大缩短用户查找文献信息的时间，有利于提高信息的利用效率。

（一）数字图书馆定题服务的原则

以满足用户信息需求为工作重点的数字图书馆定题服务是在收集信息的基础上，通过科学的方法和利用专门的知识，从研究的角度进行信息分析，为用户提供科技决策、科学管理的信息保证和科学决策的依据、建议和方案等的一种具有高附加价值的深层次知识服务。要做好数字图书馆的定题服务，必须考虑到以下三个原则：

1. 主动性原则

必须了解国内外科技发展战略和研究开发动态趋势，从文献研究的角度了解国际科技的发展热点、态势和科研进展情况，主动收集有关文献并积累相关知识，选择具有前瞻性、针对性、并与国际接轨的服务课题，主动出击，寻找信息需求用户，努力将潜在用户转化为现实用户。

2. 用户原则

用户原则是指针对不同的用户对象，在充分了解用户信息需求的基础上，为其提供满意的服务。但在实际工作中，用户往往只在时间、空间和内容上提出一个笼统的信息要求，对深层次的信息需求缺乏充分的表达和设想。因此，只有在与用户进行反复交流的基础上，才有可能提供令用户满意的服务。在实际操作中，检索系统在与用户的交流中运用其智能化推理机制与知识库，不但要理解用户表达出的显性信息需求，而且要为用户提供有参考价值的检索方案，使用户获得更有价值的信息。

3. 信息收集原则

（1）准确性。收集准确的信息是提供定题服务的关键。当代科学技术的高度发展，一方面，导致科学研究越来越专业化；另一方面，学科之间相互渗透交叉。这种跨学科的发展趋势，势必引起科研人员和管理人员知识结构的改变，使之对相关学科信息产生需求，进而扩大其所需信息的学科范围。在信息收集过程中，既要从整体把握学科发展脉络，又要密切注意其新兴的分支领域的发展动向，做到信息收集的准确性和超前性。

（2）及时性。定题服务的一个重要目的就是能够快速地为用户提供最新、最准确的信息服务，这就要求数字图书馆系统能够及时收集各种形式的最新信息。

（3）全面性。在信息收集过程中，不仅要收集本馆所藏信息资源，还要检索各种网络数据库，或通过共享检索其他图书馆中的信息资源，因为丰富的资源是开展定题服务的基础。

（二）数字图书馆中定题信息服务的实现

数字图书馆中定题信息服务的实现过程可表示为：用户给出信息需求→数字图书馆在线服务部→确定检索词→搜寻相关网页→确定并进入相关网页→下载相关信息资源存于本站点→形成用户所需信息资源→以一定的语言、格式将这些资源进行有序化整理，编辑成一个或多个方案→传给用户。

这个信息资源服务过程是对纷繁复杂的网上信息（也包括一部分尚未上网的网外信息）进行分析、筛选，找出其中的有用知识，再对这些知识进行智能重组的过程。

以上是数字图书馆为特定用户提供定题服务的一般过程，作为一个服务项目，还须注意以下问题：

第一，定题服务用户的选定。即使有现代网络环境的支持，馆员不可能也没必要对每个用户都提供定题信息服务，而应根据其服务宗旨，有目的地选择有价值的用户群。为了正确制定检索策略，需要了解用户的职业、研究领域、信息需求等情况。

第二，课题的选择。选题恰当是保证定题信息服务成功的关键，走好这一步，必须做深入细致的调查研究，掌握课题的价值。如高校图书馆可对全校的科研课题做一个深入细致的调查，了解哪些具有攻关性，哪些关系到领导决策，哪些是需要提供定题服务的。

第三，建立用户提问档，分析所获信息。利用网络通信技术，对所获信息，尤其是用户的信息需求建立用户提问档，包括用户账号、姓名等个人资料、提问词及提问词构成的布尔逻辑表达式等，以便进行存储、分类和检索。对用户的相关信息，如要求提供服务的形式（如文摘、索引）、喜欢的网上站点、经常使用的数据库等进行收集、分析，制定合理的检索策略。

第四，注意反馈信息的收集。定题服务不仅需要收集相关资源，利用网络通信技术，及时提供符合用户需求的网上信息资源，使用提问档得到检索结果，传递给用户。同时还要通过网络收集用户反馈信息，主要包括用户提问档的更改意见以及其他建议等。并且利用存储过的提问档对更新后的信息资源进行检索、分析，再把检索结果传递给用户，实现信息跟踪服务，不断满足用户需求。

五、数字图书馆的个性化信息服务

（一）数字图书馆个性化信息服务的内涵

"个性化信息服务是数字图书馆未来的发展趋势之一，知识发现技术可以有力支持个性化信息服务的开展。"[①] 数字图书馆的个性化信息服务是以网络为依托，以用户为中心，围绕用户的兴趣、爱好、习性、专长等个性需求而开展的动态的特定信息服务活动。个性化信息服务的根本就是要以用户为中心，尊重用户，研究用户的行为和习惯，为用户选择更切合的资源。它具有两个目的：①用户根据自身的兴趣、爱好和需求定制自己所需要的信息和服务；②信息提供者针对用户的个性和特点主动为用户选择并传递最重要的信息和服务，并根据需求变化，动态地改变所提供的信息资源。

数字图书馆的个性化信息服务应包括三个方面的内涵：①个性化信息服务的基础是读者总能很容易地登录与自己需求相近的所有数字图书馆系列，即数字图书馆馆藏的个性化；②读者可以根据自己的习惯、兴趣、爱好和信息利用任务，制定个性化的界面，完整、准确、便捷地获取自己所需的信息资源和服务；③数字图书馆（包括其工作人员）针对读者的个性和特点，主动地为读者选择并传递重要的资源和服务，并根据读者的需求变化动态地更新信息服务。个性化信息服务的宗旨就是尊重读者的需求和选择，体现读者之间的区别，并据此提供不同的信息服务。

（二）数字图书馆个性化信息服务的要素

个性化信息服务的基本要素包括个性化信息服务中的具体应用、用户建模、信息过滤和信息分流、系统的体系结构及用户模型的评价标准等。

1. 个性化信息服务的具体应用

个性化用户的具体应用从广义层面上来说，可以分为两类：对情报信息资源的个性化

---

① 史海燕. 基于知识发现的数字图书馆个性化信息服务研究 [J]. 图书馆学研究，2010（19）：36.

入口与过滤和排序。

第一，个性化入口。个性化入口就是对用户提供网络或信息系统的个性化。主要应用于个性化网站，个性化入口在电子商务领域是十分普遍的。

第二，过滤和排序。过滤和排序是个性化信息服务活动中研究的重点。其内涵是指对信息文档根据用户概貌进行相关度量的排序，过滤掉相关度量少的文档信息。过滤和排序是一个提高返回信息与用户需求信息相匹配的精确度量的过程。

2. 个性化信息服务的用户建模

用户建模的目的是识别用户的信念、目标和计划以提供个性化的服务。第一步，识别当前用户，即如何获取用户的个性化信息反馈，一般有两条渠道：

（1）隐性的用户信息反馈。第一步，隐性的用户信息反馈是由系统自动记录用户的访问路径、用户在某一页面的停留时间、文档的长度等信息，形成日志文件，通过分析该日志文件总结用户的需求特征。

（2）显性的用户信息反馈。显性的用户信息反馈需要用户的直接参与，由用户提供一些信息来评价当前的文档页面或给出一定的建议。一般而言，将两种方法结合应用将会取得良好的效果。第二步，给系统加载当前用户的用户模型，如果不存在这样的模型，就按照缺省方式新建一个用户模型。第三步，在用户与系统交互的基础上更新模型，形成更有助于当前用户使用的个性化系统。

3. 个性化信息服务的信息过滤

每个用户都有自己特定的、长期起作用的信息需求。用这些信息需求组成过滤条件对资源流进行过滤，就可以把资源流中符合需求的内容提取出来，这种方法叫作信息过滤。信息过滤有以下三个层次：

（1）对一个资源流中的资源，用有限个分类标注符号进行标注，用户的信息需求就体现为有限个分类标注符号的一个子集。这样，过滤的动作就是纯机械的动作，不需要任何智能就可以完成。

（2）允许用户以不限定范围的关键词语来描述信息需求，以用户选定的关键词语在资源流中进行匹配检索，不符合要求的内容被过滤掉。

（3）不需要用户做任何事情来描述自己的信息需求。用户的信息需求是系统根据用户访问资源的历史记录自动分析出来的。

4. 个性化信息服务的信息分流

如果用户的规模和信息资源的规模都非常大，那么分别对每个用户实施信息过滤势必在效率上造成非常大的浪费。原因很简单：不同用户在需求上有交叉和重叠，对各个用户需求的判断也相应地有过程上的交叉。如果把不同的信息需求组成一个方便共享的结构，在实施信息过滤时予以统一的优化调度，就会达到比分别过滤高得多的效率，这种方法叫作信息分流。信息分流在数据结构和算法上都需要精巧的处理。对特定的用户群来说，最理想的结果是平均分流时间最短。相应的判定机制是某种形式的多叉哈夫曼树。

5. 个性化信息服务的体系结构

体系结构研究的重要问题就是用户建模放在什么位置，是系统的服务器上，还是客户计算机上，或是处于两者之间的代理服务器上。这与上述的信息分流有关，如果要进行信息分流，一般要将用户模型放在服务器上，否则进行信息分流就比较困难。

（三）数字图书馆的个性化信息服务体现

数字图书馆的个性化信息服务可以从如下三个方面体现：

1. 个性化的界面设置

个性化的界面设置主要包括个性化网页外观定制、栏目布局和内容模块的选择等。网页外观定制主要是定制网页和主题的颜色、网页字体、问候语和网页刷新频率等；栏目布局是确定所选栏目在个性化网页上的布局方式和排列顺序。

2. 个性化的信息环境

数字图书馆的个性化信息服务机制就是要求数字图书馆根据用户的特性和需求为之"量身定做"或由用户定制所需的资源和服务，为特定用户和特定任务提供有针对性的资源和服务。

要真正实现个性化信息服务，数字图书馆就必须站在信息提供者的角度，为用户主动创建一种个性化的信息环境。个性化信息环境是指在数字图书馆环境下，读者可借助数字图书馆提供的一套工具和机制来构建自己的个人馆藏，从而满足特定读者和特定任务的需求，同时提高检索效率。

在数字图书馆个性化信息环境下，读者向某个数字图书馆申请一个账号，读者登录到个性化界面后，可以提交自己的多个检索策略，形成自己的描述文件，数字图书馆会通过一套软件或工具将资源库中满足需求的信息资源创建成特定用户的个人馆藏，并定期检索更新信息资源，将检索到的信息自动分配到发出请求的个性化信息环境中。

3. 个性化的信息快报

个性化的信息快报就是数字图书馆按用户提供的检索条件将资源库中的最新信息及时

通知用户的一种服务。数字图书馆的个性化信息快报服务能为用户自定义检索提供方便。因为在检索过程中，不同的用户有检索习惯和检索技能的差别，他们可能用不同的词汇来表达同一专业概念，对检索结果的选取原则和排序方法也可能不同，这些都是用户个性化的具体表现。因此，个性化的信息快报服务在接收用户档案文件时，应充分支持用户在检索策略、检索方法和检索结果处理方面的个性化。

（四）数字图书馆个性化信息服务的实现方式

1. 数字图书馆个性化信息服务的技术基础

由于数字图书馆信息服务的特点和个性化信息服务的特殊性，决定了我们在开展数字图书馆的个性化信息服务过程中必须具备相应的技术基础，建立起相应的技术支持系统。在构筑个性化信息服务技术基础的过程中必须正确处理好以下三个问题：

（1）信息分类问题。分类问题涉及两个方面：一是系统内部对信息的分类。数据库中存储的大量信息必然需要一种分类，便于信息的管理和查询。这里可以采取一些目前网上比较流行的分类方式。二是用户的个性化分类。每个用户对信息所属类型的理解不同，导致他们需要的信息分类方式也不尽相同。因此，数字图书馆信息服务系统提供给用户的应该是一种可以由用户自己决定的分类。

（2）信息搜索问题。关于信息搜索，目前主要有两种方法：一种比较简单的方法是按照现有的搜索引擎中常用的、也是比较传统的方法，即根据原始资料提供者向搜索引擎等大的信息服务商提交的索引信息来获取该信息的链接。这种方法比较适用于大型的信息服务商。但是它所提供的查询方式有限，对需求的满足精度不高，对智能化查询的满足程度相对较低。另一种方法是使用智能代理技术搜索所需信息。目前的主要浏览器和信息检索工具一般都还没有智能搜索功能。

（3）安全与隐私保护问题。安全包括：①用户使用安全。用户使用安全主要包括用户授权和身份认证管理，以保证只有合法的用户才能进入系统，而且用户的账号不被泄露和盗用。②系统管理安全。系统管理安全包括数据库安全管理、数据加密等，以确保用户个人信息安全。隐私保护需要制定完善的隐私保护政策，提供设定用户隐私公开程度的工具和运用保证隐私不外泄的保护技术。

2. 数字图书馆个性化信息服务的模式

目前所提供的个性化信息服务主要是通过个人定制或系统预测的方法来实现。个人定制是指用户可以按照自己的目的和需求在特定的系统功能和服务形式中，自己设定信息的来源方式、表现形式，选取特定的系统服务功能。系统预测是通过对用户提交的访问习惯、栏目偏好等信息进行分析，自动组合出对用户有用的最新资料并发送给用户。

（1）电子邮件服务模式。通过电子邮件来开展个性化信息服务有许多独特的优势。一是操作简单，通过电子邮件获取信息，不用掌握复杂的计算机知识和检索技巧。二是可以实现定时发送，可以按照用户指定的时间和优先级别来发送邮件。三是可以实现电子邮件的群发功能，同时对全部用户或部分用户发送指定的邮件。四是电子邮件下载完毕后，就可以脱机浏览，从而节省大量通信时间和费用。

（2）即时呼叫服务模式。即时呼叫服务模式是一种专门供点对点信息传递的个性化服务系统。这是一种融电话、传真机、计算机等通信办公设备为一体的交互式业务系统。用户可以通过电话接入、传真接入、拨号接入和访问站点等多种方式进入系统，在系统提供的帮助下访问系统的数据库，获取各种信息或完成相应的事务处理。

（3）页面定制服务模式。在网络世界里，信息的基本单位是页，通过页面设置链接，点击链接，即可索取感兴趣的页面。页面服务模式又可以分为：①静态页面服务模式。静态页面是网络信息的基本组织形式，系统将信息用 HTML 语言进行组织，以一个或多个固定的页面提供信息。②动态页面服务模式。动态页面则是用户通过选择一定的条件提交给网络服务器，网络服务器依据提交的条件，从数据库中选择符合要求的页面提供给用户。随着信息技术和数据库技术的日趋成熟，人们越来越趋向选用动态页面，因为它能提供更高的智能交互，减少服务费用和时间。

（4）信息推送服务模式。该模式目前主要分为两大类：一类是借助电子信箱，并依赖人工参与的信息推送服务模式。另一类是由智能软件完成的自动化信息推送服务模式。应用信息推送技术建立网络传播站，通过智能化的代理服务器从海量信息中不断分拣出用户所需要的信息。

第四节　数字图书馆读者服务工作策略

一、重视资源自建与共享

形成区域图书馆跨系统合作，与区域内图书馆共建数字阅读资源。以图书馆为中心，利用共享平台联合各地级市图书馆建设数字阅读资源。联合建设数字资源平台以及整合数字阅读平台资源成为加强图书馆数字阅读资源建设的重要方式。随着数字图书馆建设和数字文化共享工程推进，图书馆在数字资源建设工作中逐渐将重心转向数字资源共建共享和整合方面。阅读资源数量建设较为丰富的图书馆可以通过资源共享平台，扩大资源的服务范围，服务于其他公共馆，以及基层图书馆的用户。

整合利用图书馆已有的纸本与数字资源进行阅读资源的建设可以在一定程度上节省图书馆在购置数据库资源上的花费，同时为保存和发扬各地的文化传统做出贡献。

图书馆纸质资源购入时，需要参照读者的实际需求和使用情况来确定。纸本图书可以单一购入，而数字阅读资源通常按照数据库购入，图书馆可以定期调查读者意见，参考使用数据在决定数据库的订购和资源结构调整，由此可以有针对性地购入专业阅读资源。

二、完善数字阅读配套设施

完善图书馆数字阅读基础设施建设，充分发挥配套设备作用。图书馆可以从阅读推广的角度考虑配套设施的建造问题，与设备厂商合作投放阅读设备以减少投放成本。

图书馆可以增加专门的阅读推广形式，定期组织读者利用馆内设备设施开展数字阅读体验活动，在活动中向读者展示馆内配套数字设备的使用方法，让更多的读者充分了解图书馆开展的服务，在提高阅读设备使用效率的同时，也可作为一种创新式数字阅读推广模式，通过体验活动让阅读设备成为读者接触数字阅读的窗口。图书馆还可以将电子阅览室这些空间较大的数字阅读区域进行部分拆解，分布式地安排在馆内以方便读者在馆内的即时数字阅读需求，并且在原有电子阅览室基础上适当改建，形成综合型数字阅读体验空间。

开展手持阅读设备流通服务，拓展阅读资源的借阅途径。近年来，各类水墨屏阅读器的兴起影响了人们的阅读方式，图书馆引入手持阅读设备流通服务也是在数字阅读环境下升级读者服务的一种探索。设备的流通借阅可增添读者获取的图书馆阅读资源的方式，随着手持阅读设备在图书馆的进一步应用，也会给图书馆电子资源采购、数字资源建设、编目、借阅服务等业务带来新的变革与影响，既丰富图书馆的服务内容，拓展图书馆的服务领域，又推动图书馆数字阅读资源的利用与推广。

三、变革参考咨询服务

数字图书馆参考咨询是现代图书馆应用新的信息技术的信息服务，主要是以馆藏信息资源为基础，面向读者需求对信息资源进行多层加工与集成化处理，为读者检索与传递文献信息的服务。不论是传统图书馆还是数字图书馆，参考咨询的本质与作用未发生变化，都是为了读者的图书文献信息需求，针对相关问题的咨询、检索及报道。

（一）参考咨询的变革因素

数字图书馆参考咨询的变革主要表现在参考信息源、服务方式、服务手段、服务内容、服务对象及服务人员六个方面。

第一，参考信息源。数字图书馆参考信息源主要以数据库、联机检索、互联网及纸质印刷文献，大多数图书与文献都有电子版，从而突破了传统图书馆参考信息源的局限性。

第二，服务方式。数字图书馆参考咨询服务方式呈现出多样化，以计算机远程、虚拟、QQ、微信、E-mail 及在线咨询服务方式为主，打破了空间、时间及地域的限制，读者只须通过网络即可与馆员进行互动解答，相比传统图书馆参考咨询服务方式更为便捷。

第三，服务手段。伴随互联网、大数据、云计算等信息技术的发展，数字图书馆的服务手段倾向于计算机、自动化及网络化，突破了原有周期长、效率低的瓶颈，呈现速度快、效率高等特征。可见，数字图书馆参考咨询服务手段已成为新时期图书馆参考咨询服务的必然发展趋势。

第四，服务内容。数字图书馆参考咨询服务在此基础上追加了数字图书馆简介、专题咨询及读者培训等内容，对于实体图书馆参考咨询中的常规咨询问题可在数字图书馆参考咨询平台中的提问库进行自动化处理，馆员主要为读者提供智力性研究问题解答，主动参与并承担读者课题部分研究，提升了服务层次。

第五，服务对象。数字图书馆参考咨询服务对象在原有基础上拓宽了使用本馆资源的读者范围，利用现代互联网信息技术在数字平台实现了用户群体网络的集成化，读者的信息需求呈现出多元化特征，读者与参考咨询馆员之间转变为互动关系。

第六，服务人员。数字图书馆参考咨询服务以读者为中心，咨询馆员仅起辅导性作用，指导读者利用数字平台信息与智能操作手段，自助完成所要咨询疑问的解答。

（二）数字图书馆参考咨询服务模式

咨询服务模式的转型升级，数字图书馆参考咨询应运而生。数字图书馆参考咨询的服务对象以读者为中心，颠覆了传统图书馆读者对咨询馆员的依赖，提升了读者的核心地位，更趋向于智能化自我完成咨询疑问，利用网络信息技术在数字平台打造虚拟的参考咨询现场。咨询馆员服务也变被动为主动，在为读者提供信息产品的同时，还能提供知识咨询等多方面的解决问题的方式，提升了读者的参考咨询服务体验，成为现阶段新型的参考咨询服务模式。

对于面向读者的数字图书馆参考咨询服务模式，网络技术在图书馆参考咨询服务工作中被广泛应用，鼓励读者积极参与数字图书馆信息互动，突破原有的读者被动接收信息的固定模式。数字图书馆参考咨询平台是建立在实体图书馆运营业务之上的，大多数数字参考咨询平台建立在网站模块中，少数数字参考咨询平台以独立网站形式存在，尤其是经济发达地区的省市级数字图书馆参考咨询平台比较系统化，可根据读者的信息需求与反馈疑问扩大咨询信息库，便于提供集成化分类解答。

数字图书馆参考咨询服务的读者群体比较广泛，遍及世界各地，所拥有的知识面比较广，涉及各学科知识体系，可利用网络媒介与通信技术为各类读者打造更宽广的信息资源建设渠道，读者也可利用数字参考咨询平台的互动、评论与反馈等途径发表个人对图书相关方面的见解。图书馆咨询馆员可从特定主题分类中整合读者对信息资源的评价，不断完善读者提出的不足之处，提供读者满意的咨询服务，促进读者与咨询馆员的融洽互动，共同完成整个特定主题的信息产品与知识体系解答建设，组建更多的主题信息资源库与知识库系统，构建面向读者的数字图书馆参考咨询服务模式。

数字图书馆参考咨询服务模式的主要构成模块涉及读者、咨询馆员、服务策略、服务产品、读者需求与疑问等元素，该体系的运作流程为：读者通过数字图书馆参考咨询服务平台与咨询馆员进行互动交流，咨询馆员从中获悉读者对文献的需求与疑问，经过反复剖析与整合，制定科学的服务策略，为读者提供相应的信息产品；读者在使用过程中或使用后有任何疑问，都可将自身的需求与疑问反馈给咨询馆员，自主选择微信、微博、QQ、E-mail、在线咨询等咨询服务方式求助；咨询馆员应及时获取回应，与读者建立虚拟的咨询环境，为读者答疑解惑，提升数字图书馆参考咨询的服务水平。可见，面向读者的数字图书馆参考咨询服务模式相比传统的图书馆参考咨询服务模式而言，信息流可以在读者与咨询馆员之间双向流通，形成新时代所需的信息传递与共享的虚拟封闭式参考咨询服务系统。

（三）数字图书馆参考咨询服务的优化建议

1. 充分满足读者的个性化咨询服务需求

数字图书馆参考咨询服务中的参考信息源不可或缺，其质量的高低直接影响到整个数字参考咨询的服务水平。数字图书馆应根据读者的真实需求与自身建设的实际情况，加大对参考信息源建设的经费投入力度，重点满足特色学科专业读者的需求，最大限度地提高现有资源的利用率，同时要建设特色数据库，通过网络信息技术进行智能化分类整理，加大对优秀特色数据库的采购力度，积极开发特色馆藏，建立随书光盘发布系统，突出特色学科优势，充分满足读者的个性化咨询服务需求。

2. 深化读者与馆员的互动关系

面向读者数字图书馆需要通过多媒介载体进行大规模宣传。信息技术时代，智能手机与电脑已得到普及，图书馆可借助本馆的网站或参考咨询服务平台、微信/QQ 订阅号、宣传海报、馆内宣传板及网站广告植入等方式，加大对数字图书馆参考咨询的宣传力度。同时，数字图书馆要加强对咨询馆员的信息宣传教育培训，提高其宣传意识，增强其利用、组织、加工信息与宣传推广的能力，为读者主动推荐数字信息资源，为他们介绍基本的网络检索工具的使用技巧，提高数字图书馆参考咨询的需求量，满足数字图书馆参考咨询工作的发展需要。

3. 增强人力资源利用率

随着数字图书馆参考咨询服务为读者提供的个性化服务项目的增多，图书馆对数字参考咨询专业技术队伍提供了更高的要求。现阶段，图书馆数字参考咨询馆员只有具备参考咨询服务专业知识与技巧，具备信息收集、分析、整合、研究及信息智能化处理能力，才能适应数字化参考咨询服务环境，才能为读者提供更高层次的数字图书馆参考咨询服务。

数字图书馆应制定完善的用人、培训及激励机制，不断充实数字参考咨询专业技术队伍，为他们提供学习与深造机会，改善其知识结构体系，调动馆员的学习积极性，提高馆员的综合业务能力，提升人力资源的利用率。

四、构建阅读资源整合平台

完善数字阅读服务平台的内容建设，充分利用已开通的移动服务平台的功能开展数字阅读服务。图书馆的微博平台可以借用微博开放式的评论功能，实现图书馆与读者，以及读者之间的互动交流。

构建统一的资源检索和资源发现平台，整合和完整图书馆的数字阅读资源的检索功能。图书馆可以将数字阅读资源和纸本资源整合到统一的检索系统，实现纸质图书、电子图书、电子报刊、多媒体资源等异构资源一站式检索。读者可以进一步选择文献类型、数据库来源进行二次筛选。

对于文献类型为数字阅读资源的检索结果，读者同样可以使用该平台提供的全文链接、二维码获取到阅读资源，也可以加入自己的个人电子书架，在网络平台或者移动设备进行浏览。在阅读资源整合的基础上打造具有互动交流功能的数字阅读平台——"移动图书馆"，这类共享客户端为各级图书馆解决了无法自建 App 的难题，但问题在于此平台中仅包含超星平台的阅读资源，对于图书馆购置、自建的其他阅读资源则无法使用。图书馆还需要整合自身的阅读资源，形成统一的资源集合，同时借鉴超星图书的"移动图书馆"（公图版）中的用户交流模式打造阅读交流平台。平台内除了将图书馆的阅读资源整合、提供基本的阅读功能，可以增设读者评论、读者交流模块。读者可以利用站内个人账号发表阅读感悟，添加站内好友、站内阅读群组，打造数字阅读交流的虚拟社群。一方面可以促进读者间的阅读交流，另一方面也可以为图书馆监测阅读动向、完善阅读资源和服务策略提供参考。

五、打造线上与线下协同数字阅读推广模式

（一）创新线上数字阅读推广方式

线上数字阅读推广的优势在于资源获取便捷、活动不受空间限制，能够服务最广泛的读者群体，因而需要得到充分的重视。图书馆可以向读者征集推荐书单、推荐主题，选择合适的推荐内容制作成"推书导读"，再通过服务平台向所有读者推送文章，这种推广模式将读者纳入推广主体，丰富了"推书导读"的内容和形式。文字模式的阅读推荐虽然在绝大多数图书馆已经普及，且开展最为便捷，但是也存在吸引力度不足的问题，因此还需要考虑其他具有趣味风格的推广。

图书馆须重视基于数字阅读资源的阅读打卡、阅读竞答、直播交流活动等具有独创性的活动，调动读者参与数字阅读的积极性。数字阅读环境下，因此图书馆可以读者为主体，完善个性化阅读推荐服务。跟进"大智移云"等新一代信息技术的发展，发挥个性化推荐优势来开展精准化的数字阅读推广。

（二）积极开展线下数字阅读推广活动

利用公共场所推广数字阅读，图书馆可以在公共交通工具中投放数字阅读主题推广，让市民在乘坐公交途中可以尝试体验数字阅读。如以数字阅读模式在地铁开展阅读推广能节省地铁图书馆的运营成本，同时在地铁上通过手机平台阅读比携带纸质书更方便，也能利用乘客在地铁"刷手机"的习惯，将乘客的关注点从"碎片化"的娱乐活动转向阅读

和自我提升。在拥有地铁设施的地区，可以借鉴上海图书馆、国家图书馆等开设城市地铁图书馆活动的做法，利用地铁的广告栏、车厢进行推广。建设有数字阅读体验区的图书馆，可以定期利用区域内的数字阅读设施，进行开展讲解宣传和体验活动，开展数字阅读资源的使用培训，发展数字阅读读者群体。

此外，图书馆还可以打造线上与线下协同数字阅读推广模式，将数字阅读服务与传统纸质阅读服务结合起来，打通传统阅读用户群和数字阅读用户群，满足用户在线上线下关联阅读的需求。这种服务模式能够将部分习惯于纸本借阅服务的读者吸引成为数字阅读的服务对象，以线下阅读带动线上阅读的方式扩展数字阅读用户，增强线上数字阅读服务与线下服务的关联，同时也满足了读者的阅读资源需求，实现个性化的数字阅读推广。

第六章 智慧图书馆读者服务创新与发展

第一节　智慧图书馆的发展

一、智慧图书馆的产生

智慧图书馆的产生需要借助科学技术的发展和运用。2005 年物联网的概念被正式提出，成为现代信息技术重要的组成部分。物联网通过传感技术、识别技术与云计算技术等通信感知技术，广泛应用于网络的互联当中，用户端发展应用于任何物品之间，能使相连的物品之间进行信息交流。

随着数字网络技术的快速发展，"智慧地球"在 2009 年初由 IBM 公司提出，"智慧地球"可以使社会和人类变得更加智慧从而适应全球的高速发展①。因此，近年来出现了"智慧图书馆"受到广大图书馆学者的关注。

目前，智慧图书馆的研究在全球范围内仍处于初始阶段，无论是理论研究还是实践研究都需要进一步的探索和深化。中国关于智慧图书馆的研究大多是重视技术的结合，比如利用物联网、云计算等技术提升图书馆的服务水平。但是智慧图书馆的本质是注重资源的整合与管理，注重的是为用户提供更加人性化和智慧化的知识服务。

智慧城市真正的大脑应该是一个能把人们联系到一起的中央地区，建立社会凝聚力，通过知识实现持续的经济增长，也就是智慧的图书馆。智慧图书馆就是以一系列高新技术为基础所建立的新型图书馆，其服务核心理念是以人为本，为用户提供智慧的服务，满足用户与日俱增的个性化需求。"智慧图书馆"的提出势必会改变原有图书馆的知识服务模式。

---

① 丁一闻. 面向智慧图书馆的知识服务模式研究［D］. 大连：辽宁师范大学，2015：16-18.

智慧图书馆的产生背景如下：

第一，技术背景。图书馆的服务工作主要就是查询信息与获取信息，而信息资源的查询与获取都离不开现代技术的支撑。在信息爆炸的当代，智慧图书馆保障信息服务功能有效发挥，满足人们的需求，互联网平台、物联网平台、大数据技术、信息技术等现代高科技技术的发展是技术基础。新时代的到来就很好地满足了智慧图书馆的发展要求，为智慧图书馆提供了坚实的技术背景。

第二，人文背景。近年来人文精神的重新博兴，智慧图书馆也渐渐向服务人文方向发展，而且图书馆的初衷就是人文技术的服务。智慧图书馆是科学技术与人文精神的有机结合，一方面，智慧图书馆利用科学技术展现图书馆的高效功能与价值；另一方面，智慧图书馆利用技术将图书馆工作上升到智慧的高度为人类服务，满足广大人民的需求。智慧图书馆的人文背景就是科技与人文的结合。

第三，社会背景。信息化、智能化、网络化，是现在与将来的发展趋势，在开放、共享、和谐的社会氛围下，智慧图书馆的服务取向也将会是开发的、共享的、和谐的，充满温情与人文情怀的。而且在信息化时代的要求下，智慧图书馆也将会打造一个个智慧校园、智慧城市，促进信息资源与人们需求的高效有机结合。

二、智慧图书馆的含义

（一）摆脱时间与空间的限制

1. 摆脱时间限制

智慧图书馆知识服务的时间延伸是摆脱时间限制。读者可以忽略传统图书馆的时间限制（开、闭馆时间），全天候地浏览图书馆的馆藏内容。利用数字化、智能化和网络化技术，读者可以享受图书馆的服务。虽然传统图书馆仍然会有它独特的魅力所在，但是这种任何时间都可以使用的智慧图书馆可以让用户摆脱时间的束缚，使用户可以更自由地支配自身的时间来使用图书馆。这种新型图书馆打破原有传统图书馆的服务模式，让读者感到图书馆就像他们的手机一样一直在他们的身边，可供随时使用①。

2. 摆脱空间限制

摆脱空间限制的图书馆可以让用户在任何地方享受图书馆带来的服务。在相当一部分

---

① 王世伟. 未来图书馆的新模式——智慧图书馆 [J]. 图书馆建设，2011（12）：1-5.

人的认知中，图书馆就是一个庞大的建筑物，是一个物理空间的存在。在智能技术的支持下，读者可以摆脱空间的限制在任何地点，比如餐厅、火车上、家里等都可以享受图书馆提供的服务，让读者能体会到图书馆就在他们的身边，并且可以随时随地使用。

（二）书书互联

馆内互联就是馆内的资源和书籍都是动态连接在一起的，也可以称作书书互联。书书互联是智慧图书馆知识服务的基础。书书互联是将书和书连接在一起，这里的书不单单是纸质的，还包括电子版、网络版的书籍或文献。书书互联就是将一个图书馆的所有文献资源整合到一起，并通过物联网、云计算、大数据等技术共享到另一个图书馆中，实现馆与馆之间文献资料的共享以便读者阅读和借阅，达到文献资源的集群化，从而为读者提供更加人性化的知识服务。

（三）书人互联

书人互联是智慧图书馆知识服务的关键，体现图书馆以人为本的服务理念。包括书与馆员的互联、书与读者的互联。例如，"全天城市街道自助图书馆就是书人互联图书馆"。全天城市街道自助图书馆打破以往的服务方式，拥有人性化、智能化等特征，可以为用户提供自助借书、还书、预订、查询、办理图书证等一系列图书馆的基本服务。这种服务模式是数字技术与公共文化服务的完美融合，方便市民的文化生活，对构建公共文化服务体系具有深远意义。优势是读者再也不用担心图书馆严格的闭馆时间，可以到住处附近的自助图书馆进行借还书。这种借还形式大大降低了成本，提高了图书馆借阅率并且操作方便，易上手。24 小时城市街区自助图书馆将书与人（读者）紧密地联系在一起，形成书人互联的图书馆。但书人相连还是以书书互联为基础的，比如读者想要预订某本图书，读者可以在图书馆设立的自助终端机或浏览图书馆官网，检索到所需图书的借阅情况并申请预借请求，图书馆馆员收到预借图书请求后，会将图书送到离读者所在地最近的自助图书馆并通知读者取书，读者得到通知后必须尽快去图书馆取书，时限为一天。这自助借阅形式将图书和读者联系在一起，不仅方便读者，也提高图书的借阅率。

（四）人人互联

人人互联是智慧图书馆知识服务的核心。人人互联不单单是把读者和馆员有机互联起来，还要在读者间和馆员间建立起互联关系。随着互联网技术的越发成熟，中国的一些大型图书馆开始在网上提供知识服务导航站，还有一些其他的个性化服务，这为人人互联的图书馆开创了先河。在互联网技术的支持下，馆员间彼此的互联甚至可以把国内外的优秀馆员都连接在一起，形成了庞大的人力资源群体，可以为读者提供参考咨询服务。

图书馆随着时间的推移发生变化，传统图书馆里面只有长长的过道和满满架子的书，现在人们已经对这种传统图书馆不买账，应该回到人类最原始获得知识的状态：人与人的沟通，也就是人人互联的图书馆的本质追求。

（五）馆馆互联

智慧图书馆的含义是馆馆互联的图书馆，目的是将一个区域内乃至全部地区的图书馆都动态的连接起来，使得每个馆的每一个文献资源都可以得到充分的共享；学科馆员、参考咨询等也可以跨馆为用户服务；多个图书馆动态连接形成联盟后，不同馆的馆员之间也彼此形成交流，将汲取的知识和经验应用到工作中，在充实自身的同时也充实图书馆。这种馆馆互联的形式使得每一个参与其中的图书馆都能更上一层楼，在提升自身身价和服务质量的同时，也给用户带来不小的便利。

三、智慧图书馆的功能

（一）智慧管理功能

智慧管理主要指的是对图书、个体、资产等不同方面的管理。

1. 针对人的智慧管理

针对人的智慧管理主要针对的是对用户以及对馆员的管理。在进行人员管理时，需要利用身份识别技术，提升管理的质量与效率。图书馆可以在入馆处安装有能够识别卡片的感应装置，这个装置是和图书馆管理系统直接相连的。用户将自己的卡片放置在相应的感应位置时，传感器能够自动将其识别并打开门。系统在此时会将该用户的信息录入，同时利用数据传导到管理系统之中。

管理系统能够自动对人员的进出信息进行统计，同时，还能记录他们的入馆时间以及出馆时间。鉴于感应器的数量较多，因此，不管是任何人只要进入图书馆就能够通过系统进行个人信息的调取。这一系统方便了对图书馆人员流动的管理，也能够把各种详细的信息记录下来，管理者在需要时能够随时进行信息的获取。

2. 针对书的智慧管理

在实施图书智慧管理的过程中，要通过无线射频以及芯片植入的方式来更好地实现。然而，利用芯片技术能够确保管理更加智能化。

这一技术在多个方面具有优势。其一，芯片植入使得信息编辑工作变得更为简单。其二，在对图书进行清点时，只要对照相应的图数码进行扫描即可，关于该书的信息全部呈现出来。利用这一技术，之前十分复杂的工作在更短的时间内就能够高效率完成。其三，读者在查找书籍时更加快捷。传统模式下，查找书籍首先需要明确索书号，然后找到对应的书架才能找到相应的书籍。新技术背景下，用户能够通过设备查找的方式，快速定位自己需要的书籍。其四，用户能够查找到有关自己需要书籍的基本信息、当前状态、馆藏情况等，然后定位具体的书籍位置。其五，馆员能够在最短的时间内把书籍归位。开放式借阅环境中，书籍会变得较为混乱。馆员需要不断整理书架。智慧图书馆背景下，只要将自己要找的书名输入进去，然后通过号码进行检索，对照书籍以此扫描。发现书籍存在排序错误时，手中的警报器就会响起。如此一来，查找工作更为简单，同时，也能够最大化避免乱架问题的出现。在确保工作有序进行的同时，顺架工作也得以完成，书架整理的效率明显增强。

（二）智慧服务功能

智慧服务可以细化为两种，一种是一般性的，一种是深度服务。前者主要指的是一些具有基础性的服务，包括书籍借阅、书籍归还、空间交流、师生研讨等；后者则主要指的是图书馆工作者利用专业化知识，结合智慧图书馆用户所提出的多种诉求提供的一些服务。主要包括咨询服务、知识服务以及情报服务等。本节主要就一般性服务来展开研究。

具体而言，一般性服务包括以下两种：

1. 智慧借还书服务

智慧图书馆背景下，自主借阅成为潮流。比如，利用自助借阅系统，读者将芯片对准相应的书籍借阅与书籍归还区域，系统能够对其进行扫描，在系统确认之后就能够完成书籍借阅与归还的工作。在借书或者是还书完成之后，用户还可以点开相应的按钮，将此次凭条打印出来，馆藏信息也会随之而更新。下一位预约借书的用户就能够获取图书信息。自助借阅与还书机器是全天可操作的，没有时间的严格限制，这使得书籍流通的效率明显提升。借阅变得更为简化，读者获得了便捷，图书馆工作人员的工作量明显减少，图书馆服务的质量不断优化。

2. 智慧空间服务

空间服务更多是针对图书馆阅览室而言的，一些设有自习室的图书馆也有相应的服务。在进行图书馆空间管理时，引入智能占座是极为有效的一种管理方式。近年来，5G网络的发展迅速，通过手机进行操作就能够实现占位的目的，用户不需要出户就能够在线选座。此外，这一系统能够进行规则设定，避免出现一些不符合规律的行为。这样不仅便于进行图书馆管理，也能够为用户拓展图书馆空间，为他们提供便捷。

智慧图书馆有着较强的互联性、立体性，它不仅能够更好地连接物和人、物和物，尤为关键的是，能够提供更为深层次的多元化服务，确保智慧管理能够更好地实现。这样不仅能够提供更多的帮助，也能够确保智慧管理更为高效，这也是智慧图书馆最大的特征。

第二节　基于新型技术的智慧图书馆读者服务创新

一、基于 5G 的智慧图书馆服务创新

随着科技与人工智能、云数据的大力发展，5G 开始逐步改善着我们的生活，为了提供给我们更好的服务，5G 也正在结合应用融入不同的项目，使我们的生活变成智慧生活，而生活的城市变成智慧城市。

（一）5G 的优势

5G 是目前最新的通信技术，并且全球各个主要国家和地区都高度重视 5G，而且也被视为是信息经济的基石。5G 有四个特点：覆盖广、体验佳、应用多、服务优。5G 对智能图书馆的优势在于可以为智能图书馆提供技术上的支撑以及所需要的网络规模的承载，只有 5G 的广泛应用，才会使我们理想中的智慧图书馆变成现实，而 5G 目前正在不断地进入应用中实现商用价值，而我们的智慧图书馆的建设就是其中之一，目前正处于政策推动的阶段。

5G 拥有的独特功能，能够满足读者和图书馆员工的便捷需求，因此我们积极推动其在智慧图书馆中应用和推广。通过智慧图书馆的整合，提升图书馆的整体服务，实现读者对图书馆的资源的有效利用，对信息进行收集和获取，建立以读者为中心，实现读者的需求和为读者提供资源，以图书馆的智能化服务为辅助，实现以人为本，从而使读者可以全

身心地融入智慧图书馆的氛围中，以此来带给读者便利。智慧图书馆不仅要注重服务，而5G可以带给智慧图书馆的还有技术上的提升，智慧图书馆要和技术、人工智能做结合，从而不断地发展和改善，融入新的技术带给读者一个具有科技感的数字化的智慧图书馆。

（二）基于5G的智慧图书馆服务创新对策

1. 合作共享

5G模式下智慧图书馆的建设不仅是实现一个图书馆的启用，而是需要实现跨地区图书馆直接的协同合作，同时提高全体智慧图书馆整体的协调，需要多方参与共同建立资源，达成资源的共享，协同推进各方面的工作，从而实现长期有效的跨地区图书馆的协同合作的机制。

5G正在广泛地进入大众的视野，而图书馆作为文化传承的载体，更是需要不断的创新与合作，不断的发展与制造，而5G目前正在逐步融入我们日常的生活中，改善着我们的生活。尽管5G还在逐步的扩展中，但是它对于图书馆来讲，不仅是工作量的减少，也是提高服务水平的一个重要的技术支撑。而合作显得尤为重要，现有的5G也在与各行各业进行合作和发展，在大力推广科技和人工智能的时代，顺应时代的潮流，借鉴其他行业中5G的作用和应用所带来的独特的高端服务，运用到智慧图书馆当中，呈现一个多功能的智慧图书馆，来满足广大读者的需求。所以跨地区和跨馆合作变得极为关键，特别是在整合馆内资源和信息方面。实现信息共享将为读者提供省时省力的便利服务，因此在智慧图书馆平台上，如果能够帮助读者回答问题并解决疑惑，创建一个读者与管理人员共同交流的平台将成为可能。

5G融合的应用可以开展VR①、AR②空间，可以带给读者身临其境般的感受，更加具有沉浸感的虚拟现实的体验模式，只有5G可以带给读者这样的体验，因为沉浸式体验需要低延时画质高，这种在技术上的创新也会不断地进步，超高清的视频展示也更好地体现了服务的不同。

---

① 虚拟现实（Virtual Reality，简称VR）也称为虚拟技术、虚拟环境，是20世纪发展起来的一项全新的实用技术，是利用计算机模拟产生一个三维空间的虚拟世界，提供用户关于视觉等感官的模拟，让用户身临其境，可以即时、没有限制地观察三维空间内的事物。随着科技的发展，虚拟现实技术也取得了巨大进步，并逐步成为一个新的科学技术领域。

② 增强现实（Augmented Reality，简称AR），增强现实技术，它是一种将真实世界信息和虚拟世界信息"无缝"集成的新技术，是把原本在现实世界的一定时间空间范围内很难体验到的实体信息（视觉信息、声音、味道、触觉等），通过电脑等科学技术，模拟仿真后再叠加，将虚拟的信息应用到真实世界，被人类感官所感知，从而达到超越现实的感官体验。真实的环境和虚拟的物体实时地叠加到了同一个画面或空间同时存在。

5G 的应用还会发展到各行各业中去，如医疗教育事业等，将我们的智慧图书馆与医疗教育相结合，定期开展研讨会或交友会，使得智慧图书馆因为读者需求的不同而变得立体。在娱乐方面，VR 技术可以实现观众与舞台零距离观感，身临其境地感受画面的冲击与魅力。在教育方面，5G 可以实现跨地区的同时频授课模式，增加了多样化的授课方式。在医疗上，可以跨地区实现远程手术和观看直播。随着不断探索，智慧图书馆会不断地成熟并大范围地广泛应用在其他的图书馆中。而我们的生活也会慢慢变成智慧化的生活，我们的城市也会变成由数字化治理的智慧化的城市。

2. 技术的创新与开发

5G 在智慧图书馆的应用上发挥了巨大的作用，随着 5G 基站的全面建设与推广，在高网速和高速率上得到了很大的支持，具体软件的开发，后台程序的制作，管理人员和读者的服务管理系统的研发，需要技术人员给予支持与帮助。技术也需要不断改进和创新，实现全流程的互联和互通，不光是设备的互联，人员的互联甚至是物料和产品都可以互联，而大数据会在云平台进行分析和判断，只有大数据、云服务、物联网与人工智能相结合，在 5G 的基站下才会呈现出最好的效果与体现。

人工智能的运用可以帮助创建个性化的读者画像，并且通过处理海量的数据，读者可以获得更加智能化和个性化的服务。智慧图书馆在应用 5G 技术时需要考虑宽带、延时和移动性等方面的要求，并持续进行更新。此外，后续终端设备对智慧图书馆的支持需要专业人员进行持续维护，同时还需要不断丰富内容。

3. 重视服务反馈

服务的质量需要经过读者的反馈才能得以体现，得益于我们的 5G 的高速率和网络平台，一个有效的服务反馈途径至关重要。一个正面的评价有助于我们做得更好，一个负面的评价同样也有助于我们进行改正和提升。智慧图书馆的成功与否不是通过华丽的外表来体现的，而是读者对于智慧图书馆是否满意。现在的读者大多关注于个性化服务的呈现，能否满足读者的个性化的需求也将是对一个智慧图书馆的考核。

我们的智慧图书馆在 5G 的应用下也将会满足读者个性化的需求，也会定期地为读者推荐喜好的书籍需要的数据知识，并且包括感兴趣的活动讲座，这将会增加读者与智慧图书馆之间的黏性，只有频繁地进行推送才会与读者保持良好的联系。

智慧图书馆更应该提供给读者一个可以沟通和反馈的平台，由于 5G 结合的智慧图书馆的便捷之处，可以使读者全程不再需要工作人员的帮助，可以自助式地完成自己所需要的服务，而对于我们的智慧图书馆的读者来说，每个读者都是个独立的个体，而每个人对于智慧图书馆的需求都不大相同，所以让读者沟通和反馈的平台就显得更加重要了。读者可以在这个平台上畅所欲言，可以与其他的读者之间进行交流和探讨，同时也可以与工作人员进行服务的反馈和评价，这也极大地增加了读者与智慧图书馆之间的黏性。通过这些反馈的收集，工作人员可以根据不同的读者的个性化的需求来进行具有建设性意义的改善，以此来帮助智慧图书馆做得更好，满足大众化的需求。

总之，基于5G的智慧图书馆将是全新的体验，为读者提供更加全面周到的个性化服务体验，给工作人员带来实质上的工作便捷，在技术的不断研发与实验中，给读者带去智能化的高端感受。5G与云计算、大数据和人工智能等技术深度的结合，将会使得智慧图书馆的场所智慧化、管理智慧化、服务智慧化达到全面深刻的变革，从而对传统的图书馆进行结构的优化，提升服务的质量增加效率。通过智慧图书馆的关联效应，同时也会放大5G给智慧图书馆所带来的贡献与应用优势，同时还可以以此来带动全民阅读，带动行业经济，帮助社会实现高质量的发展。

4. 提升工作人员的能力

由于智慧图书馆的不断发展，工作人员的工作内容将有所改变，以往需要工作人员的地方都被机器和技术所代替，而现在所需要的将是对智慧化工作和服务的能力的提升。不光是要学习新机器或者是新技术的智慧化服务，同时更要显现出工作人员的专业度。

从基础知识上做好培训，最好是对专业技术人员进行培养和教育。由于技术的不断更新和机器的不断升级，所以需要工作人员具备更加专业的知识和服务能力。在机器人可以不断学习人类行为和语言的同时，工作人员与机器人的不同处要表现得更为专业并且需要有优质的服务模式与工作态度。在面对突发情况时，需要工作人员做出相应的判断并运用临场发挥的能力来解决问题，这些往往不是机器可以替代的，所以对于工作人员的能力需要在专业知识方面进行不断的学习并通过考核来考查工作人员的掌握程度。以此来应对全新的智慧图书馆的服务模式，工作人员也要随之改变。学会智慧图书馆中的先进的技术服务是最重要的，同时更要有效地利用好技术来为服务做好基础。

对于工作人员来说，最重要的就是提供服务，是宣传工作。在不同的时期，热点的话题和读者所关注的事情都会有所不同，而定时做好足够的宣传则至关重要。随着互联网的发展，直播视频等形式也越来越流行，同时也会更加得到大家的关注，而一个好的宣传能力则是工作人员需要具备的能力之一。目前宣传的方式也是多种多样，寻求一个合适的宣传方式，在视频中心定期地发送一些当前的热点话题，定期发送讲座活动相关细则，同时在智慧图书馆有什么更新或者变化时也可以第一时间将信息做好传达。这样既大力做好了智慧图书馆的宣传工作，同时也可以帮助馆内工作人员能力进一步提升。需要对工作人员制定一套考核与评价标准，只有从内部控制足够完善，才会使得一整套的服务体系没有差错和漏洞。

二、基于数字孪生技术的智慧图书馆服务创新

数字孪生，又称信息镜像模型，它萌芽于产品生命周期管理，能够较好地运用到复杂系统的可视化动态管理。主要包含四个元素：现实空间、虚拟空间、从现实空间到虚拟空间的数据流链接、从虚拟空间到现实空间和虚拟子空间的信息流链接。数字孪生是利用采集的孪生数据对物理实体进行仿真建模，并通过此模型对物理实体的全生命周期过程进行预测和控制的一项技术。数字孪生技术作为智能制造的基础技术之一，它是指对空间中的物理实体进行仿真建模使其复现到虚拟空间中，并通过此模型对物理实体的全生命周期过程进行预测和控制。目前，数字孪生技术被广泛应用于工业互联网中，如以蒸汽轮机为例的面向智能制造的数字孪生增强型工业互联网框架，为保障劳动者安全用于指导工人作业的模拟高压输电线工作环境。

（一）基于数字孪生技术的智慧图书馆特点

第一，全要素高仿真。在三维渲染、5G 等技术的基础上，数字孪生技术可对智慧图书馆的"人—机—物—环境"进行可视化展示，打破信息孤岛，融合多源异构数据，在虚拟空间还原物理图书馆运行实景，还原内容不仅包含物理图书馆的全要素、全时空，还包含各要素之间的相互影响机制以及影响结果，最终实现两个空间的一一映射。因此，数字孪生图书馆可通过记录历史数据、提取当前数据以完成对未来数据或场景的模拟预测。

第二，虚实融合交互。数字孪生技术可实现虚拟空间与现实空间的双向互动，它能够满足智慧图书馆数字孪生场景自主演变、历史场景还原的动态需求。如用户可通过 VR 进入虚拟数字空间，运用模拟仿真功能增强对物理场景的决策支持，也可将物理场景构建在虚拟数字空间进行调节控制、优化结果。基于虚实信息融合、互相影响的闭环，可实现更精准的用户场景服务，建立更具包容性、真实性的智慧图书馆服务模式。

第三，自主迭代优化。结合机器学习、知识图谱等技术，虚拟数字空间深度学习智慧图书馆过去及现有的海量数据进行自主迭代优化，发现并合理利用智慧图书馆运行规律。如将用户真实场景的需求及变化实时投射到孪生用户所处的场景中，孪生用户在已有学习的基础上，对用户场景需求变换及时预测所需服务。快速、准确地识别场景需求不仅能够

提高智慧图书馆的管理与服务能力，而且能够带动数字孪生系统的提升，达成虚实系统良性循环的预期。

第四，资源配置最优。数据是孪生智慧图书馆体系的核心之一。数字孪生技术下智慧图书馆数据由物理实体、虚拟模型、服务系统及三者融合产生的数据四个部分组成，它们在集中处理后又以指令数据等形式反馈至各环节，继而推动各环节的迭代优化。智慧图书馆的各要素在指令数据的驱动下更快速地为用户提供信息资源服务，通过虚拟空间的循环验证得出最优方案，以最低的成本获取资源配置效用最大化，如基于用户使用移动终端及所处场景提供合适的阅读方案。

（二）数字孪生技术在智慧图书馆中的应用场景

1. 智能引导

借助模拟仿真、三维建模等技术，用户利用移动终端可精准定位图书馆功能区，按照图书馆推荐的书籍获取路径迅速抵达目的地，也可通过可穿戴设备开启远程访问虚拟图书馆模式，足不出户便可享受智慧图书馆服务。

管理人员通过数字孪生图书馆的仿真功能，模拟用户流动情况优化馆藏资源分布，对在建图书馆布局进行可视化分析及调整。馆员可借助数字孪生图书馆中的提示指引开展工作，如实时动态监测各项设备，提前预见并解决潜在问题，一旦发生异常及时处理障碍，对于突发的紧急事件可以立即启动应急预案。此外，图书馆将实时更新发布周边公共停车位、公共交通工具班次信息，结合天气变化向用户推送出馆时的交通工具使用建议，便于用户合理安排出行。

2. 虚拟助学

数字孪生技术下，每位用户将独立拥有一位孪生机器人作为智慧顾问。数字孪生机器人可随时与用户展开语音交流自动完成借阅手续，也可依据图书馆剩余位置情况及个人喜好帮助用户预约座位。在自主学习的机制下，孪生机器人能够基于用户搜索目标、阅读习惯推送相应的学习资料，迅速响应用户需求。在 VR/AR/MR 技术的加持下，智慧图书馆数字孪生机器人能为用户提供 7×24 小时不受场地限制的沉浸式体验及相应的解说服务。如浙江杭州临平图书馆利用 VR 虚拟现实技术，为用户提供 360 度全方位、沉浸式的不同类型阅读场景。在学习历史类知识时，孪生用户通过全息影像向用户呈现穿越时空的情境，用个性化服务满足用户不同的场景需求。

3. 创意教研

图书馆作为知识资源聚集地，将服务融入教学过程有利于顺应线上教学的新形势。图书馆推广以教学效果评估为导向的智慧课堂，不仅可以收集师生现场表现，更直观地反馈教学水平及改进建议，还可以借助数字孪生技术通过活泼生动的课堂形式提高学生参与度及其知识吸收程度。

在教学实践应用中，基于数字孪生系统学习的实验组在自我学习效能感、合作学习倾向、认知负荷、学习体验和学习成绩方面表现更为优秀。在学术科研嵌入环节中，孪生用户通过精准画像分析用户需求，将现有研究现状与专业知识的整合提供给科研人员，便于科研人员节省文献综述等资料的查找时间，能够更快速、更高效地融入教学和科研工作。

4. 弘扬文化

我国古有五千年博大精深的中华文化，智慧图书馆作为弘扬文化重镇，应有针对性地科普相关文化知识、传递精神力量，推出系列虚拟文创产品让用户切实感受文化魅力的同时坚定文化自信。

图书馆可以设置精选电子留言交流区，在移动设备或图书馆现场均可展示不同类型、不同文化阅读角的用户留言，供用户碰撞思想火花。图书馆通过分析借阅大数据、留言区为促进城市文化交流提供窗口，并为当地政府开展人文工作、高校开展公共文化服务教育提供参考。作为公共文化服务体系的重要组成部分，图书馆还可以利用数字孪生技术助力文化遗产的有效保护和持续发展。

三、基于元宇宙的智慧图书馆服务创新

元宇宙是一个虚拟现实空间，用户可在其中与科技手段生成的环境和其他人交流和互动。随着数字孪生、人工智能、AR/VR/MR 等现实理论与技术的持续突破，元宇宙从梦想照进现实，成为互联网炙手可热的研究课题。从元宇宙所具有的物理持久性、共享性、感知性等特征可成为探究智慧图书馆服务模式切入点，所以，探究元宇宙与智慧图书馆融合结构体系对推动智慧图书馆服务模式改进及发展有着重要现实意义。

（一）元宇宙的特点

第一，身份。创造不受任何限制的自由虚拟形象，为现实世界用户的另一种全新人生。

第二，朋友。用户通过社交网络实现跨时空多维度社交。

第三，随地。用户可不受时空限制随时出入。

第四，沉浸感。虚拟与现实世界的无缝连接。

第五，多元化。跨越现世界的多元与自由。

第六，经济。用户创造的原生态内容与现实世界经济紧密联系。

第七，低延时。运用边缘计算与 5G 等技术消除虚拟世界的失真感。

第八，文明。元宇宙最终发展方向即创建文明体系。

（二）元宇宙智慧图书馆技术方向

1. 全新 VR 图书馆虚拟环境

未来图书馆融数字图书馆、纸质图书馆、虚拟图书馆等多种形态为一体，因此，虚拟现实技术是实现元宇宙图书馆的基础技术。VR 图书馆运用 3D 数字化与 VR 人机交互等技术方式为读者打造真实情境，使读者产生身临其境之感，以第一人称全方位查看图书馆馆藏、环境及高科技设施。对 VR 图书馆而言，未来要突破的问题即浏览与检索中的智能化操作载体与三维可视化等问题，以及运用 VR 提取和处理图书采访、编目、分类、流通、典藏等基本流程场景信息。与此同时，还可借助 VR 集成多学科研究与技术成果，读者运用计算机 VR 技术访问、检索、浏览图书馆全部资源，甚至还可运用数字化网络技术控制超时空模拟场景。基于信息传播学层面分析，VR 图书馆属于高级感知传感信息服务类型，智慧图书馆在未来发展中须广泛深入探究元宇宙 VR 技术及其应用于多个服务场景的实践。

2. 数字孪生技术

近年来，互联网领域广泛关注数字孪生技术，甚至将该技术列为战略性技术趋势。数字孪生图书馆包括数字孪生模型、图书馆物理实体、图书馆孪生大数据及数字孪生服务体系等要素，具有虚实融合、实时全要素映射、由实入虚、以虚控实、软件定义、孪生大数据驱动、全域智能干预与管理等显著特征。数字孪生技术广泛应用于绿色图书馆建设、图书馆设施健康管理、在线学习支持服务、用户画像及评估、创客空间建设、提升用户信息素养及再现图书馆文化遗产等方面。

3. 人工智能与虚拟环境下学习支持

当前图书馆广泛应用人工智能技术，涉及智能导览、客服咨询、图书分拣、智能芯片RFID 等智能硬件等方面。随着自然语言处理技术快速发展，根据自然通信语言开发的图书馆行业软件系统得到利用，人工智能技术越来越多地出现在智能学科服务（文献综述、科技查新、学科发展态势预测）、文献自动标引等场景中。自然语言处理、人工智能与元宇宙环境是消除人际沟通交流障碍的重要技术，也是为读者提供虚拟环境支持下的学习技术，所以，图书馆须与多方广泛融合强化对相关理论与应用探究。

（三）基于元宇宙的智慧图书馆服务模式

1. 沉浸式服务体验

智慧图书馆服务未来发展核心特征即沉浸式体验，用户在图书馆元宇宙中沉浸于虚拟世界中并感受其智慧交互、拓展现实、全息通信、感官互联等多等服务。

图书馆元宇宙与用户间的桥梁为沉浸式交互设备，该设备不仅能为用户提供顺畅、真实且持久的交互体验，更能让用户持续感知真实世界，充分满足用户对虚实融合下的图书馆智慧服务需求。与此同时，图书馆元宇宙须从多层面连接现实与虚拟世界，并非简单复制现实生活，融多元素为一体且形态成熟的图书馆元宇宙的逼真程度远远大于现实生活，此时凸显空间感知、数字孪生、数字替身、手势识别、动作捕捉等人机交互技术的蓬勃发展重要性。

2. 立体化用户社交网络体系

图书馆元宇宙所构建的场所更加丰富，该虚拟场景融休闲、娱乐、社交、办公、学习等为一体，用户在虚拟与现实场景中可根据自身需求选取交互对象及交流方式，打造虚实融合、去中心化的且多层次的社交网状结构，图书馆元宇宙与用户、用户间可实现非线性互动。用户不仅会在此互动交流中生成大量信息，与用户社交网络有关的还有音视频内容、学术文献资源、虚拟经济体系、办公与会议系统、游戏活动等海量信息组成元素。

3. 联通融合在线智能学习空间

图书馆元宇宙通过将学校教育空间、图书馆物理空间、个人学习空间相连接打造时空融合的在线智能学习空间，最大限度满足用户个性化知识需求。与此同时，各类数字学习资源在图书馆元宇宙中得到汇聚与连接，有效缩短知识生产、传播及运用时空距离，更改变传统模式下教师教学与学生学习方式，打造去中心化、民主开放且多元融合的新型学习模式。用户在图书馆元宇宙中可根据自身学习需求体验不同情景学习活动，还可自主延展伸缩学习空间，在持续反思中建构知识体系，生成智慧。

4. 开放化信息资源创造能力

图书馆元宇宙在专业生产内容方面对多模态信息资源实施融合、聚类及重组，并运用数字孪生技术建构立体化图书馆信息资源体系。在用户生成内容层面，用户在图书馆元宇宙中借助大量信息资源阅读学习，激发学习兴趣，积累知识资源，经发布课程信息、科研资源、文献资料、建议观点等个性化行为实现用户原创内容功能。用户原创内容创作门槛会因用户应用人工智能工具能力提升而大幅度降低，用户原创内容内容质量及相关资源数量也会因此得到有效提升。用户在用户原创内容功能驱动下满足自我表达与实现需求，强化用户图书馆元宇宙建设参与感，为图书馆元宇宙蓬勃发展注入能量。

5. 稳定、安全的经济运行系统

元宇宙虚拟数字化资源确认、权益保护、管理、使用等均需要非同质化代币或非同质化权益作为技术支持。同时，图书馆元宇宙不仅构建不同于实体图书馆且具有自身个性特征的经济系统，采取区块链技术开发去中心化内部流通货币，用户在图书馆元宇宙中不仅可运用该货币消费，还可经相应比例将内部流通货币置换为可应用于现实生活的法定货币。

图书馆元宇宙发展前进不可缺少的驱动力即安全稳定的经济系统，该环境下的虚拟经济在一定程度上补充实体经济，不会取代或破坏实体实体，还会在虚拟环境下活跃实体经济，进一步规范化管理和衍生利用虚拟数字资源。

第三节　智慧图书馆的读者服务转型与创新

随着智慧图书馆的深度发展与普及，图书馆的智慧发展思维从无到有开始萌生，从模糊逐渐走向清晰，最终构建了较为科学合理的发展规划，重构了图书馆的服务业态。

一、智慧图书馆的读者服务转型

（一）智慧图书馆转型发展的必然性

1. 深度反映读者阅读需求

读者服务从传统向智慧的转变是图书馆顺应时代发展和读者需求的必然选择。

从技术层面分析，信息技术使各个行业在表现形式上实现了根本性变革，互联网促使服务业朝着数字化、多元化、精准化方向发展，现代信息技术催生的数字资源、智能助理、检索引擎、咨询机器人等在图书馆领域的优势初显，这使传统图书馆的多数服务环节都能被智慧化服务手段所替代，且能满足读者个性化、便捷化的资源服务需求，实现自身服务目标，提升服务品质。

从社会和人文层面分析，图书馆的智慧化转型发展是彰显其社会教育职能的必要途径，也是图书馆从以往以"书"为主体转向以"知识"为主体的必然要求，充分彰显了图书馆读者服务的人文关怀。

2. 推动信息技术与新媒体环境发展

随着信息技术的快速发展和服务环境的逐步优化，高新技术逐渐与图书馆读者服务相融合，推动图书馆读者服务不断优化创新。一方面，在信息技术的介入下，图书馆读者服务逐渐转向高效化、便捷化；另一方面，当前读者需求逐渐提档升级，深入化、多样化和个性化是当前读者服务的主流趋势，而信息技术能够较好地契合读者的这一需求。智慧图书馆作为文化信息的流通场所，必须与现代主流媒体的发展步伐一致，在信息技术的推动下，各种各样的媒介工具已经被读者所接受，也为图书馆读者服务创新提供了新思路、新方法，同时能够在图书馆与读者之间架设沟通的桥梁，鼓励读者积极参与图书馆建设。新媒体环境下，当前发展较成熟的读者服务有在线讲座、在线展览、微信公众平台等，读者能通过手机、iPad 等设备随时随地享受图书馆服务。

3. 彰显图书馆智慧服务的优越性

转型完成后的图书馆读者服务相对于以前存在巨大的优越性：

（1）从服务流程角度分析，图书馆智慧服务流程具有清晰的层次，具体分为四个层次，即基础层、处理层、分析层、应用层，图书馆通过人工智能设备对读者需求数据进行全方位收集，从多个维度构建读者需求画像。同时，人工智能设备还从资源、读者、设备等管理环节中收集核心数据，智能感知图书馆运行状态，加强自身资源和管理数据的整合，洞察读者需求，预测读者需求发展趋势，形成科学化的新型组织管理架构。

（2）从服务驱动力角度分析，图书馆智慧服务是各个维度服务的基础，能够在智能干预、数据预测、增值服务等层面提升读者服务的智慧程度，同时也能根据读者提出的各项服务请求进行对应的知识发现、资源推荐和思维导图生成，推动读者服务朝着个性化、精细化、标准化方向发展，为各类群体提供科研服务、智慧课堂、名家讲坛、阅读推广等服务，引导读者进行多样化学习。

（3）从读者服务机制角度分析，智慧服务是以人工智能设备为依托，以智慧思维为引导，以现代信息技术为支撑，突出信息的利用和数据挖掘潜力，通过各个环节的革新和优化不断催生服务结构优化，不断整合各类服务信息，形成基于读者服务的价值链、服务链与反馈链,完成读者服务模式重构。

(二) 智慧图书馆读者服务转型的环境与技术要素

1. 智慧图书馆读者服务转型符合国家战略需求

现在,"全民阅读"已上升到国家战略层面,国家政策法规也为图书馆的良好发展提供了优良环境。图书馆丰富的馆藏资源、专业的人才优势和设施基础等也为自身读者服务的转型发展提供了强有力的资源保障。

2. 智慧图书馆读者服务转型技术要素

智慧图书馆转型发展需要主流核心技术要素的介入与融合,大数据、人工智能、物联网、云计算等技术的深入融合和发展能够协助图书馆建立对应的立体化技术服务体系,打造立体化"知识服务空间"。大数据技术能够在特定时间段内通过技术性手既对信息进行收集、存储、分析、管理,同时在图书馆读者服务业务中,大数据能够将读者的信息、馆藏资源、设备数据、业务信息等进行挖掘和分析,形成层次清晰的各类数据集合;云计算技术能够为图书馆读者服务智慧化转型提供分布式计算方法、数据分析与资源存储和防灾储备服务等支持,其在读者增值服务方面具有无可比拟的优势;物联网技术能够将互联网与图书馆馆藏资源进行对接,进而实现智能识别、定位、监管,大幅拓展传统读者服务功能,从而优化各个服务环节,提升各流程的智能化水平,实现智慧化服务平台各要素的互联互通和智慧化管理;人工智能技术能够将各类信息与自然语言进行对接,同时通过细节数据构建读者画像,实现对用户需求的分析和预测,拓展读者的阅读广度和深度。

(三) 智慧图书馆读者服务转型策略

1. 加强顶层规划设计

图书馆转型发展必须加强顶层设计,当今时代智慧型管理是主流趋势,现代信息技术驱动图书馆服务朝着纵深方向发展,图书馆以现代信息技术为依托进行跨界融合,使图书馆服务变得触手可及,资源检索更加简洁,资源供给更加高效,最终能让民众享受到更加便捷高效、公平优质的阅读服务。

图书馆转型发展必须做好顶层设计,通过前期智慧图书馆建设经验总结形成对应的知识服务理论框架,将文化、服务、资源、管理、生态文明等进行统筹部署,坚持正确的发展方向,立足图书馆发展实际,突出图书馆的资源优势和当下技术融合优势,注重愿景设定、目标设定、纲领确定、实施原则与建设规划，在建设格局上形成智慧发展的格局体系。当前，以 5G 通信技术、大数据技术、云计算技术为代表的现代信息技术不断为读者提供新的阅读体验，同时也是图书馆行业拓展自身服务实力的新方向、新机遇。以现代信息技术为支撑，图书馆进行管理模式创新、技术应用深化、数字资源开发、服务流程革新等，构建新型智慧服务平台，全面实现读者资源需求中文献数据、管理数据、借阅数据等的管理与共享，为图书馆业务建设、读者服务及长期稳定发展提供平台。

2. 构建融合式智慧服务平台

智慧图书馆读者服务要本着"用户为本、智慧支撑"的发展理念，逐步实现图书馆的智慧化、个性化管理，以现代信息技术为支撑，打破以往的技术壁垒，实现服务与资源的智慧对接，将传统读者服务模式逐渐转化为协作化、嵌入式的智慧型知识服务平台。在具体实施过程中，统一数据标准、规范管理流程是图书馆的首要工作，以此为基础进行后续资源的建设、导航与推介，改变以往僵化的工作模式，将全样本数据作为决策依据，实现图书馆改革发展由读者引领。

信息技术的深度融合应用是构建智慧服务平台的核心要素，大数据、云计算、语义网等技术的融合应用能够系统化整理馆藏资源，严格规范组织相关信息资源。信息技术的发展将服务推向新高度，极大地拓展了图书馆服务空间，用户的学习空间、交流空间、休闲空间等线上虚拟空间逐步建立，读者能够在智慧服务平台上实现学习、研讨、交流、分享与休闲，智慧化服务平台也能大幅优化读者的阅读体验。

3. 科学重构读者服务范式

图书馆转型发展的目标是创新服务模式，为读者提供更佳的阅读体验，因此，图书馆应对现有的读者服务模式进行重构。读者服务范式的重构必须以系统性和科学性为基本原则，充分结合现代管理理论的基本方法，利用现代技术优势。

第一，图书馆应依托人工智能技术对读者需求进行感知，利用大数据、物联网等技术整合图书馆优质资源，提供读者更乐于接受的服务形式，提升读者满意度。

第二，图书馆应将信息服务思维转变为知识服务思维，以读者为中心开展各项服务及推广工作。

第三，图书馆应拓展读者服务维度，充分发挥自身的资源与专业优势，构建立体化的综合服务平台，注重阅读增值服务。

第四，图书馆应加强与其他行业的跨界合作，逐渐探索"图书馆+"模式，逐步实现图书馆空间、功能、方式的多重融合发展，为读者提供沉浸式阅读服务，最终将图书馆打造成融服务、休闲、教育、实践等为一体的文化教育中心,形成读者与图书馆的智慧共同体。

智慧图书馆是图书馆迎合科技发展的又一次巨大变革。图书馆需要重新审视读者需求,立足于读者需求优化服务,切实实现智慧图书馆服务与群众阅读需求的有效对接,提升智慧图书馆服务的规范性、标准性。

二、智慧图书馆读者服务的改革策略

(一)明确以人为本的服务理念

智慧图书馆服务要明确以人为本的服务理念,从以资源为中心向以人为中心进行转变。互联网时代,读者需求瞬息万变,坚持以人为本服务理念,需要对读者需求进行及时调查,结合读者需求进行服务优化,确保读者需求和服务的对接。智慧图书馆应该借助先进技术建立读者需求调查和分析长效机制,借助现代科学技术,对用户需求进行获取,对读者需求进行调查、了解和分析,以此来提升服务质量。智慧图书馆要强化信息基础设施建设,以便利读者为目的,强化基础设施建设,统一操作,提升读者操作的简便性,从而节省读者的借读时间成本。

(二)扩展公共服务的内容广度

智慧图书馆中要强化新技术的应用,借助智能化系统来扩展公共服务内容的广度和深度,从而改进读者的阅读体验。

智慧图书馆中读者对图书馆的功能提出了多样化要求,智慧图书馆要结合读者需求合理地划分区域,满足读者的不同需求。传统智慧图书馆存在着占座难、借书难以及还书烦琐等弊端,通过科学技术的应用,读者可以借助智慧图书馆互联互通系统自主查询图书馆图书资源分布情况,快速借阅纸质版图书资源。通过 App 开发图书到期自动提醒以及阅读数据分析等智能功能,为读者借阅图书资源节约时间。

(三)提升服务的公益性

智慧图书馆要强化科学技术的应用,提供智慧图书馆的公益性,强化读者的体验。智慧图书馆属于公共文化资源,是社会包容的重要载体,通过科学技术的利用将更多的读者群体纳入服务范围,发挥智慧图书馆的公益价值,让每一位公民平等地享有知识和咨询服务的权利。

借助人工智能技术来提升视障读者对智慧图书馆馆内资源的利用率，借助 AAT 技术来帮助视障读者完成阅读。立足于不同群体、不同层次的读者的需求对图书馆内部环境进行分区，对图书馆资源使用流程进行优化和精简，确保读者能够通过在线浏览、馆内阅读等多种方式实现对馆内文化资源的充分利用，充分发挥智慧图书馆作用，助力构建学习型社会。

（四）提升服务方式的个性化

智慧图书馆服务依托现代科学技术来提升服务的个性化和精准性，为读者提供个性化、立体化服务。借助人工智能技术、人脸识别等，实现用户画像管理，建立用户需求库，对每个用户需求进行分析，满足读者的个性化需求。对读者阅读记录进行分析，定位用户需求，结合用户需求为读者提供个性化信息推送。此外，不同读者对智慧图书馆的需求层次存在着不同，智慧图书馆服务中要结合大数据技术为读者提供立体化多层次服务，满足不同群体读者的需求。

（五）以宣传拉动读者转型

智慧图书馆读者既是需求者也是参与者，智慧图书馆的建设离不开读者的参与。新时期，智慧图书馆要发挥自身的渠道优势、文化资源优势等，加强宣传，引导读者转型，向参与型读者进行转变。充分借助传统渠道和多媒体渠道进行智慧图书馆功能、操作流程和操作方法的介绍，加强读者对图书馆的了解度。在宣传方面，要重点就智慧图书馆新兴功能以及智慧化设备使用操作方法进行介绍。读者是图书馆的受益者，应该为图书馆的发展献计献策，建立读者反馈机制，对读者意见、需求等进行调查、收集和分析，并将读者意见应用于图书馆建设和革新中，进一步优化智慧图书馆服务，促使智慧图书馆成为全民大众的知识宝库。

（六）加强馆员培训工作

人才建设是服务改革的基础和前提，智慧图书馆视角下要强化图书馆馆员培训，培养高素质、高层次人才。智慧图书馆不仅需要技术型人才，更需要具有卓越洞察能力、战略规划能力的综合型人才。

智慧图书馆面临着发展机遇，需要对图书馆进行全新的规划和布局，创新智慧图书馆运营和服务思想，坚持开放性运营理念和主动服务思想，更新理念，为服务质量提升奠定基础。智慧图书馆核心是新技术和图书馆的融合，智慧图书馆对技术的要求较高。需要熟悉和了解物联网基本操作、设施维护的技能型人才，以技能型人才来确保智慧图书馆技术层面的运营。智慧图书馆服务改革中要强化馆员培训工作，提升内部人员内涵，从而确保内部系统的有效运行，为高质量服务奠定基础。

参考文献

［1］曹宁，杨倩. 面向智慧图书馆的参考咨询服务发展思路初探［J］. 国家图书馆学刊，2022，31（03）：22-28.

［2］程焕文，钟远薪. 智慧图书馆的三维解析［J］. 图书馆论坛，2021，41（06）：43-55.

［3］丁一闻. 面向智慧图书馆的知识服务模式研究［D］. 大连：辽宁师范大学，2015：16-18.

［4］宫昌利. 图书馆服务思维研究［M］. 长春：吉林人民出版社，2019.

［5］韩丽风，王媛，刘春红，等. 学生读者深度参与图书馆管理和服务创新的实践与思考——以清华大学为例［J］. 大学图书馆学报，2013，31（04）：26.

［6］黄小芬，曾星媛. 21世纪图书馆读者服务中的人本管理［J］. 图书馆论坛，2002（03）：6-7+19.

［7］柯平. 关于智慧图书馆基本理论的思考［J］. 国家图书馆学刊，2021，30（04）：3-13.

［8］李东燕. 基于图书馆管理与服务创新分析［J］. 明日风尚，2019（8）：170.

［9］李学民. 论公共图书馆读者服务工作的人性化管理［J］. 图书馆论坛，2002（06）：74-76+120.

［10］刘彦梅. 区块链理念下图书馆信息化服务创新研究［J］. 信息记录材料，2021，22（02）：186-187.

［11］刘阳. 数字阅读时代高校图书馆文献导读工作探微［J］. 图书馆工作与研究，2013（11）：96.

［12］刘月学，吴凡，高音. 图书馆服务与服务体系研究［M］. 咸阳：西北农林科技大学出版社，2018.

［13］刘赞. 高校图书馆读者服务中的细节管理实践与感悟［J］. 图书馆杂志，2006

（06）：40-41+19.

[14] 卢小宾，宋姬芳，蒋玲，等. 智慧图书馆建设标准探析 [J]. 中国图书馆学报，2021，47（01）：15-33.

[15] 饶权. 全国智慧图书馆体系：开启图书馆智慧化转型新篇章 [J]. 中国图书馆学报，2021，47（01）：4-14.

[16] 师伟. 图书馆管理的信息化应用研究 [J]. 信息记录材料，2021，22（10）：132-133.

[17] 史海燕. 基于知识发现的数字图书馆个性化信息服务研究 [J]. 图书馆学研究，2010（19）：36.

[18] 宋秋水，佟良. 高校图书馆文献采购和读者服务的工作指南 [J]. 大学图书馆学报，2020，38（04）：128.

[19] 王金. 图书馆读者服务与阅读推广探究 [M]. 长春：吉林大学出版社，2022.

[20] 王俊芬. 读者满意度引导下馆员回应力障碍及策略 [J]. 图书馆，2022（07）：87.

[21] 王敏，吕巧枝. 图书馆服务创新与育人 [M]. 北京：中国农业出版社，2019.

[22] 王世伟. 未来图书馆的新模式——智慧图书馆 [J]. 图书馆建设，2011（12）：1-5.

[23] 王振伟. 新时期高校图书馆读者服务工作研究 [M]. 北京：北京理工大学出版社，2019.

[24] 魏奎巍. 图书馆信息化建设与服务创新研究 [M]. 长春：吉林出版集团股份有限公司，2022.

[25] 吴建中. 从数字图书馆到智慧图书馆：机遇、挑战和创新 [J]. 图书馆杂志，2021，40（12）：4-11.

[26] 吴振忠. 构建高校图书馆读者服务工作质量管理体系 [J]. 图书馆论坛，2005（02）：180-182.

[27] 肖军，翁晓华. 读者阅读需求研究 [J]. 思想战线，2009，35（S2）：168-169.

[28] 闫巧琴. 我国图书馆联盟合作式数字参考咨询服务现状调查分析 [J]. 图书馆工作与研究，2020（01）：88-94.

[29] 严栋. 智慧图书馆概论 [M]. 大连：辽宁师范大学出版社，2021.

[30] 杨新涯，涂佳琪. 元宇宙视域下的图书馆虚拟服务 [J]. 图书馆论坛，2022，42（07）：18-24.

[31] 杨新涯. 图书馆服务共享 [M]. 北京：知识产权出版社，2016.

[32] 于兴尚，王迎胜. 面向精准化服务的图书馆用户画像模型构建 [J]. 图书情报工作，2019，63（22）：41.

[33] 翟宁. 高校图书馆服务与阅读推广研究 [M]. 北京：北京工业大学出版社，2019.

[34] 张枫霞. 图书馆读者服务 [M]. 北京：海洋出版社，2009.

[35] 张海波. 智慧图书馆技术及应用 [M]. 石家庄：河北科学技术出版社，2020.

[36] 张纳新. 少年儿童图书馆数字阅读推广研究 [J]. 图书馆工作与研究，2020（05）：118-121.

[37] 张睿丽. 数字图书馆资源管理与建设 [M]. 长春：吉林人民出版社，2019.

[38] 张艳丽，王挽澜，刘金玲. 现代化高校图书馆与网络化管理建设研究 [J]. 兰台世界，2013（23）：38-39.

[39] 周宁. 多媒体数据压缩技术 [J]. 电脑知识与技术，2021，17（12）：200-201.

[40] 周运丽. 数字图书馆创新与发展研究 [M]. 长春：吉林出版集团股份有限公司，2019.